Salumagia

MARKUS RIVENDEL

Foto de portada: http://rivendell-photostock.deviantart.com/

DEDICATORIA

Dedicado a Javier, Jorge y Daniel Rivendel, de quienes aprendí lo mejor que estas páginas esconden. También a Isabel de Alençon, que me ofreció afecto y biblioteca. A mi maestro Nicolas Flamel, que me enseño a volàr y a mi protector Bertrand du Guesclin, que de tantas trampas me salvó. Finalmente recordaré a Fray Garino de Guy-l'Evêque, que me abrió las puertas para ir a oriente, donde terminé de encontrar lo que llevaba toda la vida buscando.

ÍNDICE

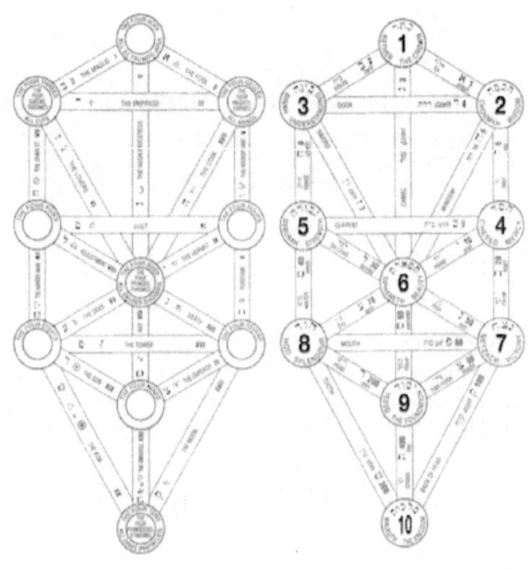

PREFACIO

Encontré este manuscrito olvidado en una polvorienta estantería de la gran biblioteca de mi abuelo Manuel Buendía. Pertenecía sin duda al lote que heredó de mi bisabuelo Rogelio Buendía, que regentó una de las mejores librerías de Huelva a principios del siglo pasado. En esos años los puertos del sur de Andalucía eran un trasiego de pasajeros provenientes de Europa, África y América que en ocasiones compraban y vendían en su establecimiento libros nuevos, antiguos o de segunda mano. No tenía encuadernación, siendo tan solo un fajo de papeles amarillentos cosidos por el lomo. La curiosidad me hizo abrirlo una calurosa tarde de verano y lo que encontré dentro me quitó al momento la somnolencia de la siesta. El texto estaba manuscrito con una preciosa y pulcra caligrafía a plumín que no había visto nunca antes. Quien firmaba la obra la dedicaba a personajes medievales, lo que otorgaba una antigüedad fabulosa al texto. En una hoja incompleta figuraba que la edición original en latín había sido traducida posteriormente al francés. La que tenía en mis manos debió ser traducida a su vez al español por alguno de los colaboradores o colegas de mi abuelo. Eran estos amigos de las buenas tertulias vespertinas que organizaban en una salita anexa a la librería en las que participaron Juan Ramón Jiménez y otros intelectuales de la época.

Pese a que en esos años llevaba tiempo estudiando historia de la magia he de reconocer que no había encontrado referencia alguna a Markus Rivendel. Años más tarde y por casualidad tuve acceso a una carta de esa época que lo relacionaba con el taller de Nicolas Flamel, lo que otorga coherencia al documento. Eso le sitúa en el París del siglo quince, hace más de quinientos años. No se sabe mucho más de él.

Según se puede deducir del presente texto, Rivendel entró a servir en la casa de Flamel siendo muy joven y, pese a referirse a sí mismo como principiante, queda claro que en el momento de redactar la obra es un poderoso alquimista con grandes conocimientos de magia y habilidades sanadoras. Debió tener acceso a mucha información y a fuentes muy diversas que excedían las que su maestro debía poseer. Eso implica que tuvo que viajar a lugares muy lejanos para encontrarlas y acceder a bibliotecas y libros prohibidos. El uso de poemas de estilo japonés es algo inaudito que obliga a pensar en un desplazamiento por la ruta de la seda y algún contacto con navegantes chinos. El texto está organizado como otros grimorios medievales, antiguos manuales de fórmulas mágicas y orientación para alquimistas y buscadores. En el siglo XV no se escribieron muchos, dado que la alquimia pasó de ser tolerada por la iglesia a estar terminantemente prohibida. Con seguridad la protección del poderoso Bertrand du Guesclin pueda explicarlo.

Es desconcertante que la obra incluya citas de autores, descubrimientos y obras de arte muy posteriores. ¿Conseguiría Rivendel encontrar la piedra filosofal como parece que hizo su maestro?, ¿sería el libro concluido por sus seguidores en diferentes periodos?, ¿es quizá una obra apócrifa o tal vez una falsificación? No lo sabemos. Tan solo podemos certificar lo sorprendente de su mensaje y la belleza y atrevimiento de su exposición. Es evidente que subyace una intención de ayuda tras las palabras.

Un aspecto que me resultó inquietante fue la revelación en el epílogo de la existencia de otro libro mágico protegido y secreto. Tras consultarlo con el prestigioso profesor Nicolás Fabelo nos pareció verosímil la hipótesis de que pudiera corresponder con el códice Voynich. Dado que esa obra aún no ha sido descifrada tendremos que esperar para aceptar o refutar esta posibilidad.

La extraña línea de tiempo que sigue el documento y la diversidad de temas que trata hacen de este manual un pozo sin fondo, o más bien una espiral, en la que tal vez alguno se pueda perder. Si es el caso no duden en descansar y retomarlo al poco, el propio texto parece aclararse a sí mismo según se va leyendo. Por otra parte la traducción ha evitado palabras y modismos de otras épocas poniendo de relieve el tremendo esfuerzo del traductor para facilitar el camino a los lectores. También diremos que se completaron algunas páginas deterioradas parcialmente así como la bibliografía, que estaba desleída y que me he permitido reorganizar a mi criterio.

Espero que la lectura les resulte tan interesante como a mí y que encuentren propuestas que aporten valor a sus vidas. Puedo decir tras compartir con éxito muchas cuestiones con mis pacientes y obtener excelentes resultados que el texto está completamente vivo. Disfruten el viaje.

Doctor Salvador Casado Buendía.

Médico de familia.

PRÓLOGO

Salumagia para principiantes

Sé bienvenido

Si acabas de llegar,

Estás en casa.

Llevas tiempo esperando encontrar este libro. Lo que tal vez no sabías es que tú no lo has elegido, son los libros los que nos eligen a nosotros. Los principiantes tan solo disponemos del deseo de aprender, a veces muy pequeño. Suele bastar. La vida hará todo lo posible para ofrecernos oportunidades de aprendizaje en formas muy variadas. La que tienes en tus manos es la consecuencia de tus ruegos. Querías respuestas, aquí las hallarás. Sobre todo porque en estas páginas se describe una forma de ver las cosas que trata de facilitarte la vida. Las respuestas son importantes pero mucho más son las preguntas. Unas y otras flotan en el ambiente esperando que las hagas tuyas. De todas las que existen solo tú podrás encontrar las relevantes para ti.

Si no eres un principiante te pediría que elijas otro libro, este probablemente no sea el tuyo.

Al leer verás que no estás solo. Te acompañarán muchos más principiantes en muchos rincones del mundo. Todos estamos invitados para, llegado el día, empezar también a escribir, contar, componer o dibujar un mensaje que ayude a otros. Mientras más fácil se lo pongas a los demás, más fácil te lo pondrás a ti mismo.

Para vivir necesitas salud. Salud es estar bien. Estás llamado a ello. Aprender a diferenciar "estar bien" de "bien estar" requiere un pequeño esfuerzo. Estas páginas te ayudarán a comprender la diferencia.

Aunque te parezca increíble este libro está escrito originalmente para niños. Es el mensaje que todo padre y toda madre desearían que sus retoños recibieran para aprender a estar bien. No encontrarás conceptos complicados ni explicaciones difíciles de entender. Si algo te resulta incomprensible déjalo reposar como harías con un vaso de agua turbia. Al día siguiente verás que el agua se ha aclarado. Si sigue estando poco claro pide ayuda a alguien para mirarlo juntos.

Algunas ideas como "magia" o "alquimia" tal vez no te gusten. Hoy ya no están de moda al haber sido superadas por otras más convenientes para algunos como fama, poder, riqueza y placer. Escucharás tal vez que son peligrosas y te expones a peligros si las usas. Sin embargo me ayudaré de tus recuerdos mágicos infantiles para ofrecerte un hermoso paisaje al otro lado de esa ventana que estamos abriendo juntos. De mi mano no sufrirás percance alguno.

Muchas veces la vida parece perder color y se llena de problemas. En esas ocasiones a todos nos gustaría despertar esa varita mágica que nos permite darnos cuenta del milagro de existir y de las fabulosas oportunidades que ofrece cada momento. La única diferencia es que unos se dan cuenta un poco antes y otros un poco después. Al final nos encontraremos todos en algún lugar del camino y sonreiremos.

En éste libro encontrarás:

1. Texto con pequeñas historias y explicaciones.

2. Aforismos, frases cortas con una enseñanza:

Magia es darse cuenta y asombrarse de que cada instante contiene un infinito.

3. Poesías. Incluiremos especialmente tercetos de origen oriental formados por tres versos (de cinco, siete y cinco sílabas) que transmiten una sola idea o emoción:

Mira tus manos

Crees que están vacías

Pero son vida.

4. Magia.

5. Imágenes.

6. Música.

7. Una bibliografía para que siembres y cuides el jardín de tu propia biblioteca.

No encontrarás: humo, venenos, óxido, trampas, niebla, engaños ni malas compañías.

Puedes leer el libro como quieras. Una lectura continua llevará unas horas pero una comprensión completa puede requerir años. Se recomienda hacer pausas. Saborear correctamente un poema o un aforismo precisa unos instantes. Algunos te abrirán su significado en lo que tardarías en tomar un vaso de infusión o leche bien caliente. Otros se pueden leer de corrido. Verás que algunos hay que dejarlos reposar tiempos generosos para que se abran como una flor y puedas disfrutar del aroma. En esos casos dejar el libro en la mesilla de noche para retomarlo al día siguiente es una buena opción.

Tienes siete capítulos para leer en el orden que elijas, si bien recomendamos comenzar por los dos primeros para entender mejor los demás.

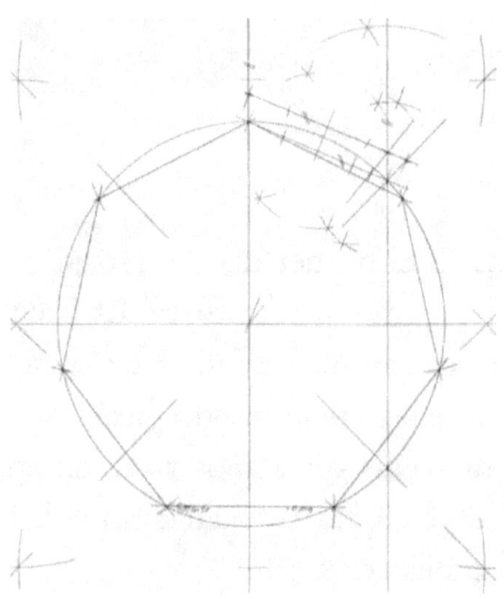

CAPÍTULO 1. LA LLAVE MÁGICA

Recuerdo el primer día de trabajo en el taller de mi maestro como si fuera ayer. La excitación grabó cada detalle con una nitidez que, incluso hoy al escribir mucho tiempo después, se me antoja asombrosa. Tenía once años y era un aprendiz. Una sucesión de fortuitas casualidades me había llevado a servir en aquella casa.

Fui recibido por el jefe de laboratorio que me dedicó una hora completa de instrucción en las normas principales de la casa. A partir de entonces sería el bastón en el que apoyaba su cojera el que hablara conmigo.

No tuve oportunidad de presentarme al Maestro Flamel hasta una semana después, cuando se acercó mientras yo lavaba con infinito cuidado el largo cuello de cristal de una de las retortas de destilación. Al saludarme por primera vez me hizo una pregunta que me sigo repitiendo todas las noches:

"¿Quién eres tú

Que buscas el sentido

De esta vida?"

No me volvió a dirigir la palabra hasta la fiesta de Pascua del año siguiente, pero esa es otra historia.

Las notas que comparto a continuación tienen suficiente material como para rellenar el cuaderno de bitácora de varias vidas.

En este capítulo contaré lo que necesitas para entrar en la antigua sabiduría de la salumagia: fundamentalmente una llave.

Yo confieso que todavía no soy capaz de disponer de una llave completa pese a que en mi larga vida he tenido tiempo más que suficiente. Espero que si alguien puede alguna vez leer estos papeles tenga más suerte que este humilde servidor.

Instrucciones para recordar quién eres

En la vida existen muchas estancias, algunas abiertas otras cerradas. Con frecuencia las que guardan algo de valor tiene buenos cerrojos pero todos se abren con una llave.

La puerta que custodia el sentido de tu vida es de las sólidas, se abre con una única llave que no admite duplicado: tú mismo.

Solo podrás abrirla cuando te conozcas.

¡Abre, soy yo!

pero la puerta dijo:

dame la llave.

Para conocerte necesitas querer hacerlo. Ese es el ojo de la llave, la parte ancha que sostiene la estrecha con sus dientes. Ellos a su vez son la combinación exacta que abrirá la cerradura.

Para encontrarla presta atención y por favor responde estas dos preguntas que son la misma:

1. ¿Quién dices tú que eres? Escríbelo a continuación o toma un papel y apunta lo que surja. También puedes dibujar.

2. ¿Quién dicen los demás que eres? Escríbelo también. Si no lo sabes pregúntalo ahora mismo.

Al terminar de responder podemos leer de nuevo lo escrito. Repítete ahora en voz alta la pregunta "¿quién soy yo?" y descansa un momento en silencio. Es en esa calma donde está la verdadera respuesta.

Dicen quien soy

las palabras y actos,

falta aroma.

Nos solemos describir usando los verbos hacer y tener, pero es el verbo ser el que con más nitidez nos define.

Lo que tienes

Y haces te define,

Pero eres más.

Se puede decir que somos un misterio. No es posible llegar a saber del todo lo que somos.

La única forma de saber quiénes verdaderamente somos es aportando luz. La iluminación no es más que posar la vela de nuestra plena conciencia en nosotros mismos y dejar que esta luz alumbre las formas que contemos dentro. Desde la blanca flor de loto flotando en el estanque al oscuro barro de la profundidad, somos luces y sombras, somos un mundo. Cada uno se alumbra según su capacidad. Hay personas que son como una pequeña cerilla, otras como un faro.

Deja el candil

y descansa conmigo

este momento.

Conocerse a uno mismo implica voluntad de saber, valor para hacer preguntas y serenidad para asumir las respuestas.

Somos lo que hacemos y lo que no hacemos, lo que pensamos y lo que no pensamos, lo que sentimos y lo que no sentimos.

Cada ser vivo encierra un universo, una singularidad, un orden único sin parangón alguno. No hay dos granos de arena iguales en la playa, cada uno tiene una asombrosa historia diferente que contarle al mar.

Contemplar la naturaleza te ayudará a saber cosas de ti. La belleza, grandeza, perfección que ves fuera son reflejo del que se asoma al gran espejo del universo.

Contemplar a los demás también te ayudará a conocerte. Las líneas de la partitura son iguales, las melodías no pero evocarán en ti músicas conocidas.

Crear espacios de silencio de calidad es una buena forma de estar con uno mismo. Ese silencio contemplativo, ese paseo tranquilo, ese espacio de meditación deja que el turbio vaso de agua de tu vida quede quieto en la mesa, asiente el sedimento y recupere la transparencia que le caracteriza.

Mira al horizonte, al cielo, a la montaña, al mar. Escucha el sonido de un piano o una canción de hace cien años en un idioma indescifrable. Siente la caricia de la ropa sobre tu piel, la sensación del aire que entra por tu nariz, la tranquilidad de ese instante de completa inmovilidad que hay entre cada inspiración y cada espiración. Es ahí donde surge el milagro de la salumagia que es la fuente de tu conciencia. Un pozo que no deja nunca de manar pese a que nos quedemos dormidos junto al pretil.

En la antigüedad la gente acudía al Oráculo de Delfos, un viejo templo en Grecia, para buscar respuesta a la pregunta que más les preocupara. En la entrada una frase escrita en la piedra daba la bienvenida: "conócete a ti mismo". De esa elegante forma el oráculo indicaba que las verdaderas respuestas las posee sólo aquel que se conoce.

Quiso saberlo

viajó, preguntó, supo,

su nombre: brisa.

Para poder vivir una vida plena necesitas saber quién eres.

Cuando veas tu imagen reflejada en un espejo sonríe. Es un verdadero privilegio estar vivo y saberlo.

Sigue adelante

cada paso que damos

lleva a nosotros.

Caminar es una de las mejores formas de saber quién eres. Los caminos nos enseñan que estamos de paso, que nos define el movimiento, que todo cambia y nosotros también.

"El camino hacia arriba y el camino hacia abajo es uno y el mismo" Heráclito de Éfeso. Fragmento LXXX

Somos más de lo que podemos decir de nosotros.

Somos más de lo que los demás pueden decir de nosotros.

Decía Santa Teresa que nuestra alma es como un castillo con muchas estancias. Hacen falta muchas llaves para entrar en ellas. Poco a poco vamos conociendo más ese edificio y lo que alberga. Hay que abrir ventanas y bajar con velas a los pisos inferiores. Es necesario iluminar para conocer y no tropezar. Mientras más ventilado esté más saneado estará. Abrir algunas puertas nos resultará costoso.

Tantas murallas

cuando somos tan leves

como suspiros.

No terminamos de conocernos del todo pero según pasan los años vamos comprobando que no somos tan complicados. Nuestras necesidades no se alejan mucho de las de los demás, nuestros deseos y anhelos tampoco.

Solo soy barro

más barro enamorado,

dijo el poeta.

¿Dónde están las llaves?

La llave que buscamos no es un objeto. Podríamos decir que se parece más a una melodía, a un riachuelo de montaña que fluye regalándole su música al bosque.

Canta torrente

tu origen nuboso

y la alegría.

Conocerte es un proceso que nunca termina ni siquiera cuando la vida aparentemente acaba. Pero llega un momento en que la melodía toma cuerpo, conseguimos averiguar el tema principal, nos es posible tararearlo.

En ese punto podremos desarrollar un poco más la partitura. Nos vamos conociendo a medida que vamos viviendo. Somos una llave en construcción, una sinfonía inacabada.

Cuando el primer esbozo de llave surge podemos abrir la primera puerta y encontrar el primer sentido. Habrá más llaves, más puertas y más sentidos según nos adentremos en el laberinto espiral que nos da forma. No nos hará falta buscar mucho, irán apareciendo a su debido tiempo.

No te preocupes si pierdes las llaves; es más frecuente de lo que piensas. Mucha gente se olvida de quién es confundida por las imágenes que de ellos proyectan los demás, por los agobios de la vida o por mil distracciones.

Dices nervioso

¿dónde están mis llaves?

¡mira tu mano!

Volver al presente y aprender a dedicar tiempo a nosotros mismos prestando atención a lo que ahora sentimos es la mejor forma de recuperarlas y de abrir la puerta de lo que verdaderamente somos.

En la segunda conversación con mi maestro, éste me preguntó por mi pasado. Poco le pude responder dado que la peste negra había acabado con toda mi familia y por todo recuerdo infantil solo disponía de los del monasterio donde me había criado protegido por unas monjas. Mientras combinaba materiales de colores en el laboratorio me fue contando que el pasado es inconsistente, ajeno, alejado, inmutable y de acceso vedado.

Me preguntó también sobre el futuro que imaginaba en mi vida y tampoco en este punto le pude responder. Volvió a describirme el futuro como inasible e irreal, fantasioso y vacío. "Entonces, ¿qué es real?", le pregunté. Volvió su cabeza hacia mí y elevando las cejas me dijo: "tan solo este momento, no existe nada más". A partir de entonces empezamos a hablar todas las semanas y las lecciones se sucedieron a buen ritmo.

Los tres primeros años en el laboratorio fueron los más intensos de mi vida. Aprendí los conceptos principales y llegué a encontrar la llave que me permitiría entrar en el castillo cuyo plano tienes en tus manos. Tuve una gran ventaja frente a mis compañeros mucho más mayores, sabios y experimentados: no dejé nunca de ser un principiante. Lo seguí siendo incluso cuando mi pelo cambió su color al blanco mucho tiempo después.

Saber quién yo era me ayudó a familiarizarme con las carreteras principales, el relieve y los habitantes de ese reino que todos gobernamos dentro de nosotros, la mayoría sin saberlo. Mucho después, tras viajar a los lugares más lejanos que pudiera imaginar, me he ido dando cuenta de que este mundo es tan solo un reflejo del que cada cual lleva dentro de su pecho. Por eso es tan importante empezar por esta llave mágica, poco podrás hacer sin ella.

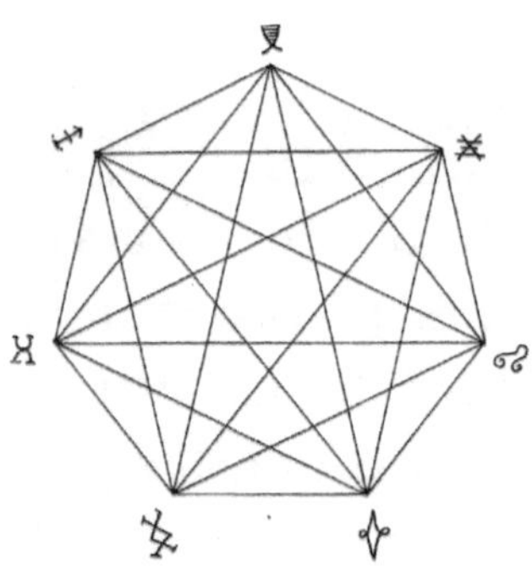

CAPÍTULO 2. BREVE IDEARIO DEL SALUMAGO

¿Quieres vivir

Con plenitud tus días

Como un mago?

Cuando mi maestro decidió que debía mejorar mis conocimientos de anatomía y medicina me mandó al Hôtel Dieu bajo la tutela de Fray Thierry Lacroix, que era de su completa confianza. Allí aprendí los rudimentos de una ciencia nueva que me permitirían más adelante ser admitido como mozo de enfermería en la campaña castellana de mi futuro señor Bertrand du Guesclin. El rey de Francia le mandó junto a un ejercito a ayudar a Enrique de Trastámara, que luchaba contra su hermano por el trono de Castilla. Fue más tarde en Granada y en otras ciudades donde puede depurar este arte de la mano de los más ilustres sabios.

Magia y salud fueron para mí de la mayor importancia. Durante años trabajé para mejorar las enfermedades de otros durante el día mientras estudiaba magia por la noche. Fue en el castillo de Randan, al asistir a mi señor Bertrand y cogerle en mis brazos mientras fallecía, cuando tome conciencia de lo poco que los hombres saben de la vida y la muerte, la salud y la enfermedad. Una simple disentería se llevó a uno de los hombres más fuertes que he conocido.

Recopilé el siguiente ideario para ayudar a otros a comprender que sin magia y sin salud la vida se vuelve lóbrega y umbría. Tal vez no sepamos aún cómo reparar los delicados hilos que la enfermedad rompe, pero si aplicamos magia conseguiremos que lo que nos toque vivir tenga una nueva plenitud.

Los tres conceptos básicos

Si tuviera que resumir mi conocimiento en tres frases, serían éstas:

*** Salud** es estar bien. Reconocer la alegría, el sentido y la vida de cada instante.
*** Magia** es darse cuenta y asombrarse de que cada instante contiene un infinito.
*** Salumagia** es el arte de convertir en salud y presente lo que en apariencia no lo es.

Ideario breve del salumago

Los salumagos son aquellos que se atreven a recordar que nuestra herencia nos permite transformar el universo.

Usan el poder de una Fuerza antigua capaz de transformar la vida biológica ordinaria en una vida plena llena de sentido, pasión, conciencia y ganas de crear y compartir.

Cualquier persona puede ser salumago, no hace falta disponer de título académico ni de atender cursos costosos. Ni siquiera hay un libro de instrucciones, si bien tienes a tu disposición estas notas para facilitar las cosas.

Solo puedes dar lo que tienes.

Tienes más de lo que puedes imaginar.

Para poder entender lo que ves fuera es preciso que entiendas lo que hay dentro de ti.

No es inteligente escupir al cielo.

Tampoco tratar sin respeto a la tierra.

Trata a los demás como te tratas a ti. Mientras mejor te lleves contigo mismo mejor tratarás a tu prójimo.

Nadie puede alejarse un solo palmo de su sombra, tampoco de su luz.

Solo un instrumento bien afinado puede producir sonidos que afinen otros instrumentos.

Solo un instrumento bien afinado produce verdadero gozo en quien lo toca.

La naturaleza nos enseña que la belleza es siempre sorprendente.

La única forma de entrar en el paraíso es mediante la llave de la atención.

Todo infierno es susceptible de transformarse en cielo si se consigue atender debidamente el momento presente.

El sufrimiento proviene de la ignorancia y el deseo, es decir, de la falta de conciencia.

Todo acto de ayuda y de cuidado hacia los demás nos lo estamos haciendo a nosotros mismos.

Todo acto de ataque, insulto u omisión hacia los demás nos lo estamos haciendo a nosotros mismos.

Estar bien implica reconocer este momento, sentirlo y aceptarlo. Esto permite que incluso momentos llenos de miedo, ira, ansiedad, culpa o angustia puedan ser contemplados con serenidad y vividos de una forma saludable.

Bienestar significa comodidad. A todos nos gusta la comodidad porque nos hace sentirnos a gusto, sin embargo también nos invita a quedarnos quietos y dormir. No queremos que ese momento se vaya pero termina yéndose. Mientras más tratamos de agarrarlo, más nos duele que marche.

El bienestar nos vuelve conformistas, nos invita a repetir patrones de conducta y a funcionar en modo de piloto automático.

Si convertimos el bienestar en nuestro valor principal nos hará falta mucha salumagia para darnos cuenta de que hay cosas más importantes.

Toda sociedad se basa en normas e ideas que tratan de ayudar a ser felices. Se crea una moral para diferenciar lo que está bien de lo que está mal. Si estas ideas son muy rígidas terminamos sufriendo y sintiéndonos mal. La pregunta correcta no es ¿Qué es lo que está bien?, o ¿Quiénes son los buenos?, sino ¿Cómo puedo ver lo esencial si es invisible a los ojos?

La salumagia nos permite regresar a nuestro presente donde creamos luz, con ella podemos alumbrar otras luces o sombras y descansar sabiendo que si el camino está iluminado no tropezaremos.

Nunca antes había sido tan necesaria la salumagia en un planeta que sufre contaminación, calentamiento y deterioro. La ignorancia e inconsciencia del ser humano están causando mucho daño y sufrimiento a otros congéneres, especies y al propio planeta. Tomar conciencia siempre será una opción, no tomarla una condena.

Las siete virtudes y las siete miserias

Los salumagos están llamados a la virtud. Ésta se define como la plenitud o excelencia en alguna faceta de la vida. Tiene que ver con el estado de flujo, esa disposición especial en la que entramos cuando hacemos algo con maestría (tocar un instrumento musical, practicar un deporte, hacer algo creativo) y que hace desaparecer esa parte de nosotros que llamamos yo. Las virtudes dejan ver el esplendor del ser humano pero no son absolutas. Son líneas o gradientes que van desde la máxima luz a la máxima sombra, desde la máxima virtud a la mayor miseria.

* Soberbia-Humildad

* Avaricia-Generosidad

* Ira-Paciencia

* Envidia-Generosidad

* Pereza-Diligencia

* Deseo sin freno-Serenidad

* Ignorancia-Atención plena

La virtud se asocia con mayor conciencia y luminosidad, la miseria con lo contrario. Siempre acontecen en parejas y no son susceptibles de ser separadas, la una incluye a la otra. Entenderlo así nos ayuda a no juzgar a los demás dado que nosotros contenemos los mismos fallos y las mismas miserias.

Salud

La salud es invisible, cuando estamos sanos nos pasa como al pez en el agua, no nos damos cuenta. Suele ser más sencillo detectar la enfermedad y definir la salud como la ausencia de la misma.

Desde los tiempos de la Grecia antigua sabemos que estamos constituidos por cuatro elementos: agua, fuego, tierra y aire. Estamos hechos sobre todo de agua que convive con el calor del fuego interno. Tenemos también tierra y minerales en nuestro interior a la par que contenemos aire fundamental para la vida.

Del equilibrio de estos elementos depende nuestra salud y nuestra existencia. La sabiduría de nuestro cuerpo se encargará mayoritariamente de que todo funcione correctamente pero nos tocará ayudar en ciertas cuestiones. La salud por lo tanto no es un término estático sino variable y su mantenimiento exige cuidado y atención. Son necesarias una correcta hidratación, alimentación, descanso, higiene, protección del entorno, seguridad y compañía.

El estado de salud implica una buena adaptación con el entorno y una situación de equilibrio que incluya la esfera física pero también la mental, emocional, social y espiritual. Tanto los excesos como las carencias nos llevarán a situaciones de potencial desequilibrio y enfermedad.

Siempre ha habido gente que trata de convertir la salud y la enfermedad en una mercancía y hacer negocio con tu vida. Vendedores de pócimas y bebedizos milagrosos los habrá en todas las épocas. De esta forma se venden actividades y productos innecesarios para mantener la salud y se crean etiquetas para retirarla y convertirla en enfermedad. No hay que fiarse mucho de ellos.

Una persona puede estar completamente sana pero estar dormida. La salud plena implica reconocimiento y agradecimiento de la misma. Sabernos sanos y agradecerlo, son potentes alimentos para un ánimo positivo y alegre.

Enfermedad

La enfermedad es un tiempo que se caracteriza por la presencia de dolor, molestias y discapacidad. Una o varias causas externas o internas producen un desequilibrio en nuestro mundo personal. Su misión es permitir que tomemos conciencia de ello.

Durante el tiempo de enfermar siguen existiendo muchas funciones corporales mantenidas con normalidad y hay muchas cosas que se pueden seguir haciendo. Incluso la enfermedad más grave contiene salud, así como la mejor salud alberga algo de enfermedad. No son separables. Podemos decir que vivimos la mayoría del tiempo en salud y de vez en cuando nos toca atravesar un tiempo de enfermedad.

Cuando estamos enfermos todos deseamos escapar de esa situación. En ocasiones podemos hacer cosas para aliviar o equilibrar la situación, en otras no es posible. Aportar atención al tiempo de enfermar nos puede ayudar a manejar las ideas y emociones que aparecen y que con frecuencia suelen causarnos más sufrimiento que la propia enfermedad. Cuando contemplamos algo que no puede ser cambiado esa atención puede facilitar que surja la aceptación. Si somos capaces de aceptar estaremos en paz.

La enfermedad

Da valor a la salud

Que es invisible.

Igual que acompañar a alguien enfermo y tomarle la mano suele aliviarle, también es cierto que podemos hacer lo mismo con nosotros cuando lo necesitemos. Cuando estamos enfermos puede resultarnos complicado aceptar la situación y permanecer tranquilos con nosotros mismos. El rechazo y la resistencia provocarán ansiedad y angustia y nos harán sentirnos mal.

Hay límites físicos y límites mentales. Una persona puede tener las piernas paralizadas y necesitar una silla de ruedas. Hay personas en esta situación que se han atrevido a ir a la selva o a un desierto mientras que la mayoría de los que pueden andar aún no lo han hecho. Todo límite mental es modificable. La salumagia te permitirá aportar luz a dichos límites y te dejará cambiarlos por otros más lejanos.

Los siete misterios

Un misterio es algo que no puede ser comprendido del todo, una idea que no es posible abarcar en su extensión total.

La lógica nos dice que un sistema no puede ser explicado completamente desde dentro del mismo, todos los sistemas son por definición incompletos. Esto hace que la naturaleza que observamos tenga un componente de incertidumbre. No podemos explicarla del todo.

En cualquier caso, hay siete conceptos destacados que podríamos denominar misterios por su insondable profundidad y por ser de mucha importancia para los seres humanos: la muerte, la vida, uno mismo, el amor, Dios, la verdad, el mal. Nos aproximaremos a ellos con siete poemas a modo del marco de una puerta. Si nos atrevemos a traspasar el umbral de cada misterio accederemos a un paisaje inmenso que nos invita a entrar y contemplarlo.

Para avanzar en la comprensión de estos misterios necesitarás la llave del autoconocimiento que te dejará acceder y permanecer tranquilo mientras miras. Haremos un brevísimo recorrido por estos misterios de la mano de varios poetas.

Todo misterio

Supera tus razones

Calla y observa.

Muerte

Hablaremos detenidamente de la muerte en el capítulo del lado oscuro. De momento diremos que es uno de los misterios que ha enfrentado el ser humano desde la noche de los tiempos. Lo introducimos con dos poemas medievales.

Recuerde el alma dormida,
avive el seso y despierte
contemplando
cómo se pasa la vida,
cómo se viene la muerte
tan callando;
cuán presto se va el plazer,
cómo, después de acordado,
da dolor;
cómo, a nuestro parescer,
cualquiera tiempo pasado
fue mejor.

Y pues vemos lo presente
cómo en un punto se es ido
y acabado,
si juzgamos sabiamente,
daremos lo no venido
por pasado.
No se engañe nadie, no,
pensando que ha de durar
lo que espera,
más que duró lo que vio
porque todo ha de pasar
por tal manera.

Nuestras vidas son los ríos
que van a dar en la mar,
que es el morir;
allí van los señoríos
derechos a se acabar
y consumir;
allí los ríos caudales,
allí los otros, medianos
y más chicos,
allegados, son iguales
los que viven por sus manos
y los ricos.

Jorge Manrique

El siguiente poema anónimo introduce el tema de la danza de la muerte. El desastre de la peste que mató a millones de personas nos hizo recordar que la muerte iguala a todos los seres humanos: al rey, al mendigo, al Papa, al soldado…

> *A la dança mortal venid los nascidos*
> *que en el mundo soes de qualquier estado;*
> *el que non quisiere a fuerça de amidos*
> *facerle e venir muy toste parado.*
> *Pues ya el freire vos ha pedricado*
> *que todos vayais fazer penitencia,*
> *el que non quisiere poner diligencia*
> *por mi non puede ser más esperado.*

Vida

La vida caracteriza nuestro mundo pero seguimos sin saber bien en qué consiste.

"¿Qué es lo que aletea sobre nuestras cabezas? Hemos creado una civilización hija del mercado, hija de la competencia. Venimos a la vida para ser felices y estamos en un círculo vicioso. El desarrollo no puede ser en contra de la felicidad humana, tiene que ser a favor de la felicidad humana, del amor, de cuidar a los hijos, de tener amigos, de tener lo elemental. El hombre no gobierna hoy las fuerzas que ha desatado sino que estas le gobiernan a él. Lo que teníamos que revisar es nuestra forma de vivir."

José Mújica.

Yo mismo

Somos un misterio mientras no nos conocemos. ¿Acabamos alguna vez de conocernos?

"Me pasa siempre, y duele, y confunde. Debe ser algo relacionado con la desesperación de vivir. Si estoy en Barcelona, me gustaría estar en Madrid. Si estoy en Zaragoza, me gustaría estar en La Coruña. Si estoy en La Coruña, me gustaría estar en la cima del Aneto, comiendo setas venenosas bajo el cielo helado. Si voy al cine, en mitad de la película me entran unas ganas revolucionarias de estar en mi casa viendo la televisión. Si estoy sentado en el sofá viendo la televisión, me gustaría estar muerto y enterrado en el cementerio, contando los días que faltasen para la resurrección de la carne. Todo me persigue, ciudades, cines, casas, cementerios. Si estoy con amigos, preferiría estar con amigas. Si estoy con amigas, me gustaría estar con enemigas. Si estoy con enemigas, me gustaría estar en casa durmiendo la siesta. Si me compro unos zapatos con cordones, en que salgo de la tienda y ando por la calle empiezo a envidiar a todos aquellos que llevan zapatos sin cordones. Y también me pasa con las camisas, las cazadoras, los pijamas, y las sandalias en el verano. Y también con las vidas: Si me pienso abogado, preferiría ser médico. Si médico, sacerdote. Si sacerdote, hombre casado y con siete hijos. Si casado, soltero. Si soltero, viudo muy apenado. Si viudo, monje. Si monje, matador de toros. Estés donde estés, no has acertado por completo. Siempre hay algo más barato y mejor por ahí. Siempre hay vistas desconocidas en el acantilado de la vida. Me está matando esto de vivir una sola vida. La gran muerte de vivir en una sola forma."

Manuel Vilas

El amor

Los poetas han cantado al amor desde que existen las palabras. Es quizá la idea que más se ha manoseado y tratado de explicar, con poco éxito si nos atenemos a como va el mundo.

Ella es mi oración tierna y sublime

El sentido del día y de la noche

Los infinitos mundos y galaxias

Todas las esferas celestes e infernales.

Ella es mi piel desarbolada

Lo mejor que contengo

Este verso y todos los suspiros

La más alta razón para existir.

Ella es la que dice mi nombre

Descubriendo con ello lo que soy

Dándome la vida y cercenándola.

Quien bebió del vino del amor

Y sostuvo el Grial que lo contiene

Bien sabe del fuego del qué hablo.

****

Tanto quise la carne, la belleza, esa gran levedad,

Tanto sentí la vida y sus misterios,

Tanta dulzura, tanta delicadeza…

Respiraba tranquilo para dejar que el viento

Acariciara el tiempo que fugaz

Escapaba despacio de mis manos

En cascada de gotas de rocío

Destinado a aliviar la gran sed

Que sin querer el mundo consentía.

Déjame ir, permíteme volver,

No puede más amar

Este corazón roto que me diste.

Te lo devuelvo hoy para partir

Y en el final encontrarte de nuevo

Sabiendo que no hay espacio

Ni más horas que andar.

Markus Rivendel

Dios

La idea de Dios ha permitido al ser humano alcanzar altas cotas de humanidad y de horror, de luz y de sombra. Ha ayudado a muchos a descubrir la excelencia y el servicio pero también a producido odios, guerras y devastación. Muchos han buscado un referente que explique el universo, que lo dote de sentido. Para unos Dios es un concepto para otros una realidad. Quizá los que más se acerquen a este misterio sean los místicos, aquellas mujeres y hombres que se dejaron inflamar por la llama del "Amado" y nos lo cuentan con versos.

No vayas a ningún lado sin mí.

No dejes que nada suceda en el cielo aparte de mí,

o sobre la tierra, en este mundo o en aquel otro,

sin mi ser en su suceso.

Visión, no veas nada que yo no vea.

Lengua, no digas nada.

La manera en que la noche se conoce con la luna,

sé eso conmigo. Sé la rosa

más cercana a la espina que soy.

Quiero sentirme en ti cuando pruebes la comida,

en el arco de tu mazo cuando trabajes,

cuando visites amigos, cuando tú solo

subas al techo por la noche.

Nada hay peor que caminar por la calle

sin ti. No sé a dónde voy.

Tú eres el camino, y el conocedor de caminos,

más que mapas, más que amor.

Rumi

La Verdad

"¿Qué es la verdad?", nos preguntamos cuando vamos entendiendo que nuestros sentidos y pensamientos nos engañan continuamente. No somos capaces de percibir todo lo que existe, tan solo una pequeña fracción. Eso nos lleva a equívocos y malentendidos. La verdad es liviana y sutil, su cultivo merece de atención y constancia, su aroma nos aporta sentido y alegría.

Si la verdad se vuelve una mentira,

si se vuelve dolor la dicha aviesa,

si se vuelve alegría la tristeza

con sus falsas promesas cuando expira,

si la virtud a la cual en vano aspira

mi vida frustra la habitual promesa,

si el corazón de odio o de amor me pesa

y al helarse cual mármol, aún suspira.

Si no pude enmendarme al recibir

la ingratitud de los que más he amado

ni pude ensombrecerme al eximir

de mi cariño a los que me han colmado,

será porque los dioses me han herido

del inocente horror de haber nacido.

Silvina Ocampo

El Mal

¿Por qué existe el mal? Es una de las grandes preguntas. Porque tenemos claro que existe y no es fácil explicarlo. En nuestras vidas lo experimentamos y en ocasiones lo ejercemos. Es la sombra que inevitablemente acompaña a los seres, algo que no se puede eliminar y que no conseguimos entender.

Mientras que los gargajos rojos de la metralla

silban surcando el cielo azul, día tras día,

y que, escarlata o verdes, cerca del rey que ríe

se hunden batallones que el fuego incendia en masa;

mientras que una locura desenfrenada aplasta

y convierte en mantillo humeante a mil hombres;

¡pobres muertos! sumidos en estío, en la yerba,

en tu gozo, Natura, que santa los creaste,

existe un Dios que ríe en los adamascados

del altar, al incienso, a los cálices de oro,

que acunado en Hosannas dulcemente se duerme.

Pero se sobresalta, cuando madres uncidas

a la angustia y que lloran bajo sus cofias negras

le ofrecen un ochavo envuelto en su pañuelo.

Arthur Rimbaud

Lugares mágicos

Hay lugares mágicos y lugares comunes. Podrás reconocer los primeros por ser los que más atención requieren y donde potencialmente podrás hallar más luz. Empiezan cerca y terminan lejos. Algunos los conoces, otros no tanto. Recuerda que todos son tuyos y que puedes entrar en ellos en este mismo instante. Son: el hogar, la plaza, el santuario, el ombligo del mundo, el bosque mágico, el desierto y el fin del mundo.

El hogar es el lugar más importante, el más necesario para la vida. En la alta antigüedad se caracterizaba por el fuego. Este protegía dicha zona, calentaba y permitía cocinar. Facilitaba que la familia y el clan se congregase, aportaba seguridad, luz y calor. Puedes regresar a tu verdadero hogar dando una respiración profunda. Encontrarás allí permanentemente encendido el fuego de tu propia conciencia.

La plaza es el principal lugar público. Allí es posible encontrarse con los demás, enterarse de lo que pasa y comprar, vender o cambiar lo que necesitamos para vivir. Es el lugar de encuentro con los otros.

Los santuarios son lugares donde podemos contactar con lo sagrado, aquello que tiene que ver con la divinidad y sus misterios. Los hay en todas partes y han existido en toda época. El ser humano siempre ha tenido necesidad de ver más allá, de comprender el mundo. En la naturaleza encontró sitios especiales que le permitían contemplar, sentir respuestas. Son los santuarios, lugares de fuerza que unen el cielo y la tierra atravesando al que se sitúa entre ellos.

Todo tiene un centro, el mundo también. Existen lugares donde se puede experimentar la centralidad del mundo. Son oportunidades de orientación, puntos de referencia que nos permiten orientarnos. Hay un principio, un fundamento. Llegar a conocerlo nos facilita entender nuestro origen y aceptar nuestro propio centro que es el mismo del mundo.

Dicen que Adán y Eva vivían en un jardín, en realidad era un bosque mágico. Un paraje natural lleno de vida. En ellos es posible sentir el pulso del mundo, su palpitar. Dentro del bosque estamos rodeados de un canto vivo que nos invita a bailar. Nos recuerda que estamos unidos a todas las criaturas, que no es posible separarnos, que la soledad es solo un espejismo.

El desierto es el lugar opuesto al bosque, la aridez máxima, la mínima expresión de la vida. En el desierto no hay nada, es el reino del vacío. La falta de agua y las temperaturas extremas lo hacen peligroso. En el desierto es posible encontrarse a uno mismo dado que aparentemente no hay nada más.

Todo tiene un límite, el mundo también. Llegar hasta él nos recuerda que todo lo que existe está llamado a cambiar y el cambio surge de los límites. El fin del mundo es el lugar más alejado a tu hogar pero si lo contemplas bien te darás cuenta de que basta una sola respiración tanto para ir a él como para volver.

Tiempos mágicos

Durante el año hay algunos tiempos especiales con poderes salumágicos, te ayudarán a estar más presente.

*　　El solsticio de invierno.

*　　El solsticio de verano.

*　　El equinocio de primavera.

*　　El equinocio de otoño.

*　　Tu cumpleaños, tu día.

*　　El día de los muertos, de los que ya se fueron.

*　　Las vacaciones, el tiempo libre.

Las fiestas suelen señalar estos tiempos mágicos que provienen de otras épocas. Los nombres cambian pero los tiempos se mantienen como señales que indican que el universo que habitamos se mantiene igual de vivo, en constante transformación. Es común encontrar días festivos que ayuden a recordar y a celebrar la fiesta. El paso de las estaciones, los lentos giros del sol en su baile que permite la vida… No sabemos lo que es el tiempo, tan solo que discurre como un curso de agua inalcanzable aparentemente en un mismo sentido. Hacer una parada en estos días nos permite tomar conciencia de ese tiempo de vida y agradecerlo junto a otros.

El jardín de las rosas

Todo el mundo es dueño de un jardín. Venimos al mundo con un lote de tierra, un jardín. En él crecerán todo tipo de plantas.

Pese a que al nacer disponemos de la mejor tierra y las más cuidadas semillas serán las circunstancias, compañías y, sobre todo, nuestro propio cuidado lo que permita que el jardín se mantenga presentable.

Cada pensamiento y emoción es una nueva planta. Algunas darán espinas otras flores. Unas se extenderán como la plaga, otras serán de crecimiento lento. A ti te tocará limpiar, descartar la mala hierba y cuidar y regar los rosales.

Estás llamado a contener las flores más sublimes, a compartirlas, a dejar que siembren el mundo con su aroma.

Cada sentimiento, cada flor, brota de una necesidad. Cuando pasees por tu jardín pregunta a cada planta qué esconde su raíz, de qué lugar proviene, qué mensaje te trae.

Si eres capaz de escuchar a la flor ésta te dejará su aroma y marchará. No hay flor que pueda durar eternamente.

Es natural que quieras aferrarte a las preciosas rosas y que trates de huir de las afiladas espinas de los cardos, pero recuerda que ambos te pertenecen, son la forma en que el jardín te manda recado de lo que en la profundidad más necesitas. Merece la pena escuchar bien para no acabar enzarzado en ninguno de ellos.

El jardinero fiel conoce sus parterres, va comprendiendo cuál necesita agua y cuál abono. Dónde podar con más intensidad y dónde menos. Qué planta hay que quitar y cuál es necesario plantar en su lugar. Por eso hace falta una llave para poder abrir la puerta de tu verdadero ser, que como ves es un jardín.

Recuerdo que cuando dos ejércitos chocan el ruido es ensordecedor. Al terminar la batalla solo quedan lamentos. Ellos nos guiaban para buscar heridos y tratar de aliviar el final de los valientes desperdigados por la tierra. Al día siguiente solo hallabas silencio.

Con las ideas pasa lo mismo, cuando vienen a ti en tromba son como una enorme ola que trata de inundarte y que tal vez te haga perder el equilibrio y ser zarandeado y volteado. El manojo de las que dejo aquí espero que sirvan de ayuda para cimentar lo que viene después.

En mi caso fueron las fuentes y rincones de los palacios Nazaríes de Granada lo que me ayudó a recuperar la calma. Demasiadas batallas, demasiadas ideas. Los poetas que allí pude encontrar me devolvieron una sonrisa que el horror había borrado muchas veces. Hay que cuidarse del exceso y la guerra y el hambre desmesurada de conocimiento son trampas llenas de veneno.

Tuve la gran suerte de conocer al sabio Ibn Jaldún en la corte Nazarí. Tras haber dedicado su vida al estudio defendía que la historia pasada y futura se parecían como dos gotas de agua. De su mano pude entrar en la biblioteca real del califa, mucho mejor dotada que la de la mayoría de los reyes cristianos.

También tengo un grato recuerdo de Ibn al Jatib, el incansable, que dedicaba la mañana a sus obligaciones de visir y las noches a la investigación y al estudio. Sus conocimientos de medicina y magia me abrieron mucho la mente. Gracias a su ayuda pude regresar a casa, tras pasar algunos días en los calabozos de palacio por un oscuro asunto en el que me vi envuelto.

Junto a estos maestros reflexioné durante meses sobre el plan de estudios que cada cual debería diseñar para evitar tanto la carencia de la sequía como el exceso de la inundación. Y las respuestas surgieron del murmullo de las fuentes que invitaban a contemplar el momento. No hay mejor oportunidad de aprender que regresar al ahora, permitir el agua justa para que el rosal nos regale las mejores flores.

Tras repasar este breve ideario salumágico estás en disposición de empezar tu plan de estudios personal que se desplegará en el siguiente capítulo. No dudes en comentar lo que te llame la atención con aquellas personas que sabes que te podrán escuchar correctamente.

Tampoco te dejes vencer por la pereza y comparte las frases, ideas o poemas favoritos con quien creas que le puede venir bien. Es buena idea escribir lo que el texto te sugiera. Lo puedes hacer sobre el libro, en los márgenes o en un cuaderno. Mientras más hagas tuyas las palabras más auténticas se volverán.

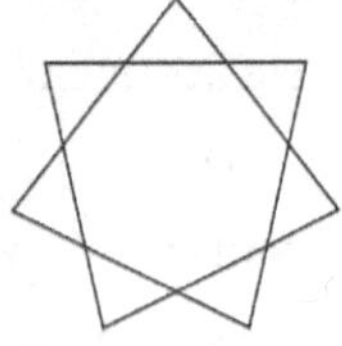

CAPÍTULO 3. PLAN DE ESTUDIOS

¿La mejor arma

para cambiar el mundo?

La educación

Hace tiempo que no mato mosquitos. Es cierto que en ocasiones son molestos. Es cierto que disgustan sus picaduras. Pero también lo es que son criaturas fascinantes semejantes en todo a dragones diminutos cuyo vuelo no podrá ser imitado hasta dentro de muchos siglos por mucha magia que apliquemos. No será fácil fabricar ingenios de ese tamaño que sean capaces de moverse por el aire de forma tan magnífica. Por eso cuando detecto alguno en mi habitación lo atrapo con un vaso y lo despido en la ventana, incapaz de aplastar tan sofisticado mecanismo.

Perdí a toda mi familia en la peste negra que asoló el mundo conocido en la mitad del siglo catorce. Mis tíos me dejaron al cuidado del monasterio de Poissy, cuyos sólidos muros velaron mis primeros meses y harán lo propio con los últimos si bien lo quiere nuestro Señor. Allí aprendí a leer y a escribir, recibí clases de historia, astronomía, matemática y filosofía. También pude descubrir mis primeros mundos en libros que las monjas me dejaban leer a hurtadillas.

La hermana Isabel de Alençon fue una mujer rígida y estricta. De familia noble era muy respetada por su erudición en toda la comarca. Defendía la idea de que todo lo creado seguía un plan previsto por Dios, los seres humanos también. Como maestra de novicias aplicaba a cada monja un plan de estudios personal además del que la regla de la orden imponía a todas. Con los niños acogidos no hacía excepción. Ese plan de estudios me permitió llegar a ser lo que soy hoy. Me abrió las puertas a lugares y circunstancias que de otra forma se habrían mantenido cerrados.

Esbozaré un esquema de plan de estudios planteando tres preguntas y compartiendo siete epígrafes.

¿Existe la salumagia?

Te preguntarás si verdaderamente existe o es solo una idea, una excusa para llenar de letras un fajo de hojas blancas. La respuesta la encontrarás al finalizar la última página. Lo cierto es aquello que vivimos. Las teorías y las ideas que no terminan de posarse en la tierra se las lleva el viento hacia los horizontes.

Tú te preguntas

Si de verdad hay aurora…

Y ya amanece.

Todo plan de estudios comienza con preguntas, tendrás que formular las tuyas. Ellas te guiarán por el mar de la incertidumbre hacia la tierra prometida de las respuestas que siempre esperan en algún lugar, por lejano y peligroso que este sea.

¿Cómo aprender salumagia?

Toma mi mano,

Aprender es conocer,

Vayamos juntos.

Para aprender se requiere estudio y experiencia, constancia y motivación.

Hay muchas maneras de aprender. La fundamental se basa en el ensayo y el error; probar si algo funciona y si no lo hace buscar otra manera.

Aprender del ejemplo es muy poderoso. Cualquier persona nos puede dar ejemplo. Imitarla es un potente camino de aprendizaje que nos ahorrará más de un tropiezo.

Las personas que nos rodean son fundamentales para aprender tanto por lo que hacen o dicen que es digno de repetirse como por lo que no. Aprendemos de la luz y de la sombra de los otros.

Los maestros también son poderosos facilitadores de aprendizaje. Un buen maestro puede conseguir que aprendamos mucho en poco tiempo. La experiencia y las caídas de los demás son un tesoro para nosotros.

Para aprender hay que querer aprender. La motivación es el combustible principal si quieres saber algo. Si no te apetece aprender costará mucho que aprendas, eso ya lo sabes cuando tratas de atender a un aburrido profesor.

Para aprender ayúdate de aquellas cosas que más te interesan. Los temas complicados se aprenden mejor si van de la mano de otros que nos gusten. Recuerda que en los temas más aburridos se esconden siempre aspectos llamativos.

¿Cómo encontrar un salumago de referencia?

¿Buscas un mago?

Atrévete a mirar

En el espejo.

A los salumagos les gusta sonreír.

Encontrarás un salumago si lo deseas encontrar. Basta mirar con atención.

No hay ningún signo determinado que caracterice a un salumago, cualquier persona puede serlo. De hecho todas las personas lo son cuando están verdaderamente presentes.

Lo que caracteriza a un salumago es la forma de estar despierto. Dormidos son iguales a los demás.

El signo evidente de que alguien es un salumago es el esplendor. Cuando están del todo presentes en lo que hacen o con quien estén, viven en un estado de flujo que de alguna forma irradia luz. Esa presencia plena te llamará la atención y a su vez te invitará a estar atento.

Todo el mundo sueña con tener un maestro que le enseñe lo verdaderamente importante. No encontrarás a nadie con mayor capacidad de iluminarte que tú mismo. La luz de los demás no puede entrar en nuestro mundo interior, puede alumbrar y calentar solo la superficie.

Es bueno que en alguna ocasión dejemos que la luz de los demás nos ilumine para recordarnos nuestra infinita capacidad de hacer la luz dentro de nosotros mismos.

Muchas veces quienes deberían ser salumagos por su profesión, conocimiento o posición social no lo son. Es triste comprobar que muchos profesores, dirigentes, médicos, científicos y otros muchos profesionales realizan su trabajo en modo de piloto automático.

Saber muchas cosas dificulta en ocasiones ser un buen salumago. Los salumagos se dan cuenta de lo importante que es desaprender. Cuando se van almacenando muchos datos y conocimientos viene bien deshacerse de los menos útiles para dejar espacio para otros. Esto se suele hacer más evidente según se van ganando años.

Además de todas las personas invitadas a este libro con sus poesías, ideas y creaciones, recomendaremos siete salumagos que te pueden servir de inspiración.

El mago Merlín

Su fama dice mucho de él. En una época oscura pudo trabajar para mantener la luz. Su recuerdo nos llega mediante narraciones muy antiguas que se pierden en la bruma de los tiempos. Podemos decir que su magia nos llega hasta hoy y nos anima a despertar la nuestra.

Hildergarda de Bingen

Esta sabia ha sido una de las mujeres más inteligentes de la historia. Vivió en un monasterio y no paró de escribir y producir ideas. Defensora de la música y apasionada de trabajar el huerto y el jardín, sus visiones ayudaron a otros a comprender.

Disponía de una profunda capacidad de escucha y de entrar en sí misma. Gracias a ella se hizo experta conocedora de los pasillos y laberintos interiores en los que habita una Presencia que es fuente de sabiduría.

Los Reyes Magos

Han sido magos de referencia para muchos. Unos sabios con la capacidad de darse cuenta de lo verdaderamente importante, el valor de dejarlo todo atrás para buscarlo y la suficiente perseverancia hasta encontrarlo.

Hace falta mucha magia para mantenerse despiertos y hacer un viaje como el que ellos hicieron. Nos recuerdan que todos estamos en camino y que los verdaderos tesoros suelen manifestarse de maneras insospechadas.

Amenardis I

Princesa egipcia y divina adoratriz, fue hija de faraones y esposa ritual del dios Amón. En el antiguo Egipto la magia era muy importante y estaba presente en las ceremonias, templos y costumbres de la época. Los sacerdotes eran los encargados de estudiar y mantener los ritos mágicos, pero también las mujeres intervenían.

Ŷabir ibn Hayyan

Fue uno de los mayores alquimistas árabes. Descubrió los ácidos nítrico, sulfúrico y clorhídrico, fruto de la experimentación que consideraba la base de toda ciencia. Sus libros han inspirado a muchos buscadores durante siglos.

Moisés de León

Este rabino judío escribió el libro del esplendor o Zohar, uno de los más importantes de la Cábala, que es una interpretación mística de las escrituras sagradas judías. Considera el universo formado por luz y sombra y en cada parte sitúa diez esferas. Las llamó Sephirots y son emanaciones de la divinidad que nos ayudan a comprender todo lo que existe.

Dante Alighieri

Uno de los mayores poetas que han existido. Consiguió convertir en palabras mundos enteros y aplicar alquimia y medicina a su tiempo. Nos ha legado uno de los mapas líricos más impresionantes del más allá en su Divina Comedia. En su obra nos acompaña en un viaje a través de los círculos del infierno, los escalones del purgatorio y las esferas celestiales.

Nunca nadie se había atrevido a narrar un viaje así.

Escuela de salumagos

Lo importante:

"Aprendemos viajando"

Dijo el viento.

No hay una escuela oficial de salumagos, si bien éstos gustan de reunirse y celebrar fiestas.

Lo más increíble es que cada persona tiene su propio plan de estudios, biblioteca y recursos. Todo está escrito en miles de copias distribuidas en cada célula corporal. Aunque tus ojos no puedan verlo sabemos que está ahí. Para acceder a ese material basta con desear conocerte a ti mismo y aprender a crear el necesario silencio para ello.

Tu plan de estudios es un plan vivo que va cambiando cada día para ti. Incluye las materias y objetivos que necesitas para ser una persona completa, un verdadero ser humano. No hay dos planes de estudio iguales. El tuyo lo irás descubriendo según lo despliegues, según vayas viviendo. Pregúntate: ¿Qué quiero aprender hoy? ¿Qué me está enseñando la vida hoy?

La vida nos ofrece tutores y prácticas especiales y personalizadas. Todos los días encontraremos suficientes oportunidades de aprender salumagia y aplicarla. Tanto las relaciones y situaciones que nos producen gozo como las que nos evocan sofoco son fundamentales. En las primeras podemos aprender a vivir con mayor profundidad, atención y gratitud; en las segundas podemos aprender a vivir con mayor respeto, suavidad y aceptación.

Los tutores y prácticas ordinarias son con diferencia los más importantes. Las lecciones básicas e incluso las avanzadas tienen lugar en la vida corriente. Cada instante contiene una oportunidad de iluminación.

Descubrir la belleza contemplando con calma una puesta de sol no es complicado. Hacerlo en este instante, en esta respiración, sí lo es. Ahora puedes hacerlo si te regalas una profunda inspiración y la disfrutas. La dificultad potencial es la misma, tan solo varía el grado de atención.

Para matricularse en la escuela de salumagos hace falta el deseo y el compromiso para ser fiel a diario a nuestro plan de estudios. La constancia es fundamental, si se pierde se sale automáticamente de la escuela. Podremos volver a ella cuando nos volvamos a acordar. A veces dejamos que pase mucho tiempo sin atender lecciones.

La escuela de salumagos tiene permanentemente abiertas sus puertas, tanto para entrar como para salir. Entramos cuando recordamos que queremos estar dentro, salimos cuando lo olvidamos. Entramos cuando somos dueños de nuestro presente, salimos cuando no lo somos.

La mejor manera de ser salumago es siendo principiante todo el tiempo. Si cada instante es nuevo podrás aprender mucho más que si ya es conocido. Los que saben muy poco aprenden más deprisa que los que saben mucho.

Las ideologías limitan, las bibliotecas liberan. Necesitarás una buena biblioteca para atreverte con retos salumágicos mayores.

Libros mágicos

Todo salumago necesita una biblioteca, sin ella no será posible llegar muy lejos. No es necesario poseer los libros basta con haberlos leído. Tampoco necesitas una gran cantidad, con unos pocos puedes conseguir grandes avances si sabes elegir bien.

Tú me dijiste

"Todo está en los libros"

Y acertaste.

Hubo un tiempo en que no existían los libros y todas las historias de la tribu se transmitían con la voz. Hoy tenemos acceso a historias de muchas tribus y muchos tiempos, nos hacen falta libros para acceder a ellas.

Escuchar un buen cuento o una buena historia en boca de un narrador es un gran lujo. Siempre que tengas esa oportunidad escucha atentamente. Cuando no encuentres buenos narradores busca un buen libro, suelen ser más fáciles de encontrar.

Nunca se termina de aprender, nunca se termina de leer.

Los libros más mágicos que existen son los que te enseñan algo que necesitas aprender hoy. Pueden ser desde libros de cocina hasta de cuentos, de matemáticas o de filosofía…

Encontrarás pistas interesantes al compartir mensajes, notas, cotilleos o noticias, pero los libros siempre tendrán la ventaja de su profundidad. Te abrirán enormes espacios para que los hagas tuyos si deseas. Podrás escuchar las lecciones de las mujeres y hombres más valientes, inspiradores y creativos. Podrás meterte en historias del pasado o del futuro, en mundos reales o imaginados en los que no sufrirás daño alguno y volverás a casa sano y salvo con valiosas experiencias.

Todo libro encierra la magia de poder acercarte a otra persona y mediante ella a una interpretación única del mundo. Habrá libros que te aporten muy poco y otros que te cambiarán la vida.

La vida es algo más que lo que cuentan los libros. Leer está muy bien pero vivir es siempre más importante.

Sal de tu libro

Siente un poco el sol

Que te acaricia.

Nadie te puede explicar el enorme valor de leer. Necesitarás descubrirlo tú mismo.

La lectura nos puede ayudar a despertar o a permanecer dormidos. Hay libros que entretienen y hacen perder el tiempo y otros que nos enseñan e impulsan. Aprender a diferenciarlos implica tiempo pero nos pasará igual que con la comida. Algo nos dirá dónde está lo más sabroso, algo nos dirá lo que nos conviene más. Es verdad que a veces lo más sabroso no es lo más sano, pero ese conocimiento irá surgiendo cuando lo necesites.

Es buena idea visitar y descubrir librerías y bibliotecas. Siempre hay alguna cerca de tu casa. Algunas son completamente mágicas. Esos lugares concentran gran cantidad de historias y personajes. Cuando las visites no los podrás ver pero están todos ahí. Los autores pasados y presentes, los protagonistas, las historias… Si estás lo suficientemente atento te encontrarás con quien necesites encontrarte. Cuida esos lugares y cuida los libros que guardan las historias.

Al final de este libro encontrarás una bibliografía comentada. Son libros que si fueran leídos con la frescura de un principiante harían de este mundo un lugar mejor. También se incluyen más materiales que te ayudarán a vivir con salumagia.

Mapas mágicos

Quise entender

La rosa de los vientos

Siendo un mapa.

Algunos salumagos han dejado para nosotros interesantes mapas. Los pioneros en recorrer un territorio lo hacen siempre sin ayuda. Al volver tienen la oportunidad de contarlo, un mapa es una buena manera de hacerlo.

Los mapas mágicos son subjetivos, describen una disposición de un territorio (y un tiempo personal) hecha por quien lo ha recorrido. Sirven de orientación pero nunca el mapa coincide con el territorio.

Cada persona ha de recorrer sus propios territorios y dibujar sus propia cartografía. Los mapas de los demás pueden darnos interesantes pistas, ya que los peligros y dificultades suelen ser parecidos.

Es bueno recordar que podemos construir mapas hermosos con creatividad. Cualquier aproximación es inicialmente válida. Cartografiar cosas invisibles como las emociones es posible si lo hacemos con la suficiente creatividad.

Encontrarás mapas mágicos en viejos libros, en cuadros y esculturas, en monumentos y edificios. Toda obra creativa puede contener un mapa mágico desde un cuento a una sinfonía. Los edificios antiguos con frecuencia eran ellos mismos mapas en tres dimensiones. Para leerlos hay que hacerse las preguntas: ¿Qué querían contar los que lo construyeron? ¿Qué era lo más importante para ellos?

El tablero del ajedrez es un hermoso mapa mágico que permite casi infinitas combinaciones. Mirarse en él, hacerlo cotidiano, nos ayuda a entender las reglas de la vida. No se trata tan solo de luchar y tratar de ganar, sino de aprender el arte de realizar movimientos sabiendo que cada uno, por pequeño que sea, influye decisivamente en la partida.

Otro ejemplo de mapa mágico lo puedes encontrar en grandes edificios como templos o iglesias. Si peregrinas a Santiago de Compostela descubrirás maravillas en una catedral que narra historias en la piedra de sus esculturas, muros y columnas y en los espacios vacíos que crea en su interior.

Cuentan que algunos palacios como el de Cnossos en Creta tenían forma de laberinto y dicen que en el lejano oriente hay edificios imposibles. Estas construcciones fueron creadas tratando de convertir en piedra altas ideas, conceptos, sentimientos e intuiciones. Su durabilidad nos permite seguir aprendiendo a pesar del tiempo transcurrido desde su creación.

Por último, es bueno recordar, que también disponemos de interesantes mapas musicales. Nuestros músicos y juglares nos hacen disfrutar con partituras que cuentan las cosas de otra forma. También en iglesias y monasterios se intenta usar la música como escalera que nos ayude a contactar con la parte sagrada de la existencia, esa que a menudo nos resulta demasiado elevada.

Enigmas y adivinanzas

Los enigmas y las adivinanzas son fabulosas formas de aprender. Para encontrar la solución plantean cuestiones que nos ayudan a pensar y, lo más importante, a no pensar. Hay sabios que han conseguido encontrar la respuesta a lo que buscaban mientras tomaban un baño en la bañera, soñaban por la noche o contemplaban un paisaje debajo de un manzano.

Las adivinanzas son juegos en forma de pequeños rompecabezas que se resuelven reflexionando y buscando analogías. Los enigmas son propuestas de más dificultad pero también precisan aplicar lógica, reflexión y mucho pensamiento lineal.

Cuentan que la esfinge planteo el siguiente enigma al príncipe Edipo en la antigua Grecia: "¿cuál es el ser vivo que cuando es pequeño anda a cuatro patas, cuando es adulto anda a dos y cuando es mayor anda a tres?" Edipo pudo responder y seguir su viaje, ¿podrás hacerlo tú?

Hay rompecabezas en forma de objeto con diversas piezas que hay que colocar en cierta forma para encontrar la solución. También los hay con números y otros que precisan versos o música para ser resueltos.

Otros retos únicamente se resuelven con intuición y no-pensamiento también llamado pensamiento no lineal. Ponemos como ejemplo los koan que proceden del lejano oriente:

¿Cuando un árbol cae en medio del bosque y nadie lo escucha, ¿produce algún sonido?

(Aplaude con las dos manos) Éste es el sonido de dos manos, ¿cuál es el sonido de una sola mano?

Los hombres de ciencia y los artistas se enfrentan a enigmas que les obligan a sacar lo mejor de ellos mismos para encontrar una nueva solución expresiva y creativa. Incluir, por lo tanto, las adivinanzas en nuestro plan de estudios personal tiene mucho valor al ser una forma de juego que potencia nuestra capacidad de buscar respuestas.

Prácticas salumágicas para fortalecer la atención

La mejor manera de aprender es practicar.

Para aprender salumagia sirve cualquier momento. Elige el que quieras, este mismo, y préstale atención.

Para que tu vida sea plena necesitas darte cuenta de ella. Para eso hace falta atención.

La salumagia consiste en hacer florecer tu atención y aplicarla a aquello en tu vida que quieras sanar o potenciar.

Nuestros sentidos (vista, oído, olfato, gusto, tacto, equilibrio, posición, temperatura, humedad…) envían una gran cantidad de información al cerebro que ha de ser filtrada. Por seguridad no podemos darnos cuenta de todo lo que sentimos. Eso explica que la mayoría de las funciones corporales sean automáticas. No hace falta darnos cuenta de que el corazón late, los pulmones respiran, el sistema digestivo procesa alimentos o los riñones depuran la sangre para que todas estas cosas pasen. Menos mal.

Solo percibo

Una brisa por día

Dijo el gran árbol.

Nuestra capacidad de tomar conciencia es limitada. Algunos la comparan con un foco de luz que podemos dirigir a cierta distancia para darnos cuenta de lo que hay a nuestro alrededor. También podemos dirigirlo hacia nosotros mismos. En unas personas es un foco muy potente que puede estar mucho tiempo encendido y abarcar grandes espacios. En otras es una pequeña vela que se apaga fácilmente y alumbra muy poco.

Miro la rosa

¡Qué difícil captar

Tanta belleza!

Cada cierto tiempo es útil repasar cómo ha sido la calidad de nuestra atención en la semana previa. A mayor nivel de distracciones, prisa, agobio, asuntos pendientes y ruido de fondo menos atención tendremos.

¿Te das cuenta

Qué fácil es perderse?

¡Vuelve al presente!

Prestar atención cuesta trabajo como bien saben todos los estudiantes cuando tienen que atender a su profesora. Es fácil distraerse. En seguida empezamos a pensar cosas o a recordar otras. A hablar con la compañera o a hacer dibujos en un papel. Es fácil prestar atención cuando la situación nos interesa mucho pero es más difícil cuando nos resulta monótona o aburrida.

Pese a estar de moda la multitarea, hacer muchas cosas a la vez suele ser motivo de distracción y de poca conciencia. Es más sencillo prestar atención de calidad cuando nos centramos en un solo asunto.

Haces mil cosas

Pero no te das cuenta

Te fuiste ya…

Para fortalecer la atención es necesario practicar.
Hace falta constancia.

Si quieres fuerza

Repítelo mil veces.

Ahora ya puedes.

La conciencia es una de las facultades emergentes
más avanzadas del ser humano. Cuidarla, desarrollarla
y potenciarla nos ayudará a crecer en humanidad y
favorecer el crecimiento de los demás. También nos
ayudará a tratarnos mejor a nosotros mismos y tratar
mejor a nuestro entorno. La actual crisis global que
padecemos es un indicador de que este trato no es
adecuado, de que el nivel de conciencia no es
suficiente.

Mientras más y mejor conciencia desarrolles, más y mejor te atiendes a ti mismo y a tu entorno. Estando más despierto vivirás mejor y facilitarás la vida a los demás.

Por favor, vuelve.

Cuando estás en casa

Somos felices.

Al darnos verdadera cuenta de lo importante que es estar despierto para poder vivir, de que haya luz para poder andar, no podemos pasar un solo día sin cultivar la atención. Cuando nos olvidamos perdemos el rumbo.

¡Qué salga el sol!

Necesito esa luz

Para cantarte.

El que deja de respirar se ahoga, el que deja de prestar atención se pierde.

Olvidado de mí

Me quedé en un recodo

Perdido y solo.

Sorprende darse cuenta de que la verdadera libertad surge de decidir si tomo consciencia de este instante o no la tomo.

Para mejorar el mundo la verdadera revolución empieza dotando de consciencia este pequeño instante que tienes en tu mano. Regálate una respiración y hazte presente. Hay pocas magias que superen esto.

Basta sentirlo

Para que el mundo crea

En el presente.

La mágica revolución

Todas las revoluciones son la misma

Poseen el mismo impulso

Idéntica voluntad de cambio,

Un ansia de mejora.

Si bien las miras te reconocerás

Participaste en todas ellas

Y lo sigues haciendo

Porque no quieres sufrir inútilmente.

El ser humano hará imposibles

Para encontrar sentido en lo que vive

Por eso sentimos el ardor

Que nos empuja fuerte.

Buscamos la revolución definitiva

Que al fin liberará

Del pesado yugo de uno mismo

A los sinceros peregrinos.

Podrás elegir entre varios caminos.

El más ancho conduce a la indolencia

Y es el que antes repite

Las situaciones precedentes.

Otro es de tierra roja

Trazado a sangre y fuego

Conteniendo los muertos

De incontables batallas.

Pero existe un antiguo sendero

Estrecho y a veces comido por la hierba

Que conduce a la cima del monte

Y que hay que andar despacio.

Necesitarás la máxima conciencia

Para que no tropiece el pie

Por los muchos barrancos

Que la montaña tiene.

Necesitarás una gran compasión

Para retomar sin fin la senda

Tras las muchas caídas

Que inevitablemente ocurrirán.

Y de esta forma humilde

Es posible llegar a la cumbre

Que conocieron los mejores

Los más aventajados.

Desde allí se disfruta

De una generosa perspectiva

Sobre vidas y muertes

Sobre el pasado y el futuro.

Los tiempos que suceden,

Los problemas, asuntos, laberintos,

Y al fondo el horizonte

Recordando nuestro vero tamaño.

Unos dicen haber hallado a Dios

En la larga subida

Otros que se encontraron a sí mismos,

Y por fin comprendieron.

Yo te digo que vengas

Porque la humanidad

Necesita de ti

Para ser plena.

Compasión sanadora

La atención y la consciencia quedarían vacías sin compasión. Amamos lo que conocemos. Por eso el conocimiento nos ayuda a llegar al amor y el amor nos permite sentir pasión y compasión, afecto intenso y comprensión.

La compasión nos acerca a los demás al comprender que, de alguna forma, son nosotros mismos. Al descubrir que el sufrimiento, soledad, enfermedad o prueba que el otro pueda estar viviendo no se alejan mucho de las propias.

Permite el movimiento que nos saca de nuestra inercia y nos lleva a cuidar o aliviar una necesidad ajena. La compasión nos hace más humanos y su ausencia, por el contrario, nos daña y envilece.

La salumagia se aprende con la práctica y la repetición, volviendo una y mil veces al momento presente. También al sentir compasión y dejarnos mover por ella. Si la atención es la vela del barco que permite su función y movimiento, la compasión se compararía con el viento que permite que la vela se tense y pueda impulsar nuestras pesadas vidas con sus cargas.

La magia de desaprender

Llega un momento en la vida en que es imprescindible desaprender para seguir aprendiendo. Hay que quitar lastre para que el globo ascienda. Si no lo hacemos el peso impedirá el vuelo y nos quedaremos permanentemente atascados en tierra, sin posibilidad de perspectiva.

Para desaprender hay que soltar, regalar, compartir, dejar, enterrar, olvidar, callar y dar. Acumulamos conocimientos, rutinas, conductas automáticas, libros, objetos… mucho equipaje. No deberíamos tener más posesiones que las que quepan en un par de maletas. Por lo que respecta al conocimiento, incluso menos; son muy pocas las cosas verdaderamente importantes.

Desaprender nos ayuda a valorar lo imprescindible y a descubrir lo fundamental, lo que más nos importa, el superlativo. Solo podemos seguir un camino a la vez pese a que existan infinitos. Tratar de seguir varios al mismo tiempo es una locura manifiesta pero es lo que en nuestra vida intentamos con frecuencia. Así terminamos agotados y perdidos.

Hay un camino, una verdad y una vida verdadera. Saber distinguirlas de todas las que nos ofrecen exige atención. Como se invitaba en el capítulo anterior, necesitarás abrir la puerta de ti mismo para saber quién eres. Según vayas pudiendo responder irás viendo más claro de todos los caminos cuál es el tuyo, de todas las verdades cuál te inspira y de todas la vidas posibles cuál es para ti la más plena.

Mientras no lo hagas seguirás caminando el camino de otros, profesando la verdad de otros y viviendo la vida de otros. Te mereces encontrar tus propias respuestas. Para ello desecha las preguntas, el conocimiento y los aprendizajes que no necesitas. Desaprende lo caduco. Si podas bien el árbol de tu vida éste te ofrecerá las mejores flores en primavera. En ellas se esconden tus respuestas.

Tu propio plan de estudios

Ahora te toca a ti. Necesitarás aplicar un poco de magia para diseñar tu propio plan de estudios. También tendrás que pedir ayuda a otras personas y buscar libros, mapas, enigmas y prácticas. No dejamos nunca de aprender pero disponer de un plan te facilitará mantener el rumbo cuando la niebla no facilite la visión.

Cualquier circunstancia te servirá para aprender. Cualquier momento es bueno. Basta con regresar a tu presente y darte cuenta de lo que pasa. Esa calidad que otorga a la vida estar atentos te permitirá aprender todo lo que necesitas.

Siempre he llevado cuadernos de viaje en mi equipaje de mano. En ellos apuntaba palabras, ideas, poesías o dibujos que la marea de la vida dejaba en la playa de mi existencia. Tal vez también te sirva imitar esta costumbre que yo aprendí de otros viajeros más experimentados.

Disponer de un maestro o mentor es una opción sabia y prudente. Elígelo con atención, dado que puede ser ayuda o impedimento según la ruta y rumbo que elijas en la vida.

No rehúyas las batallas ni las situaciones en apariencia poco apetecibles. Todo esconde una gran parte invisible debajo de las apariencias, casi siempre de mayor tamaño y valor que lo que alcanzas a ver.

Conocí a Nicolás de Oresme en la corte del rey Carlos V, el sabio, donde era consejero. Eran tiempos convulsos con las tropas inglesas dominando Bretaña. Poseía una mirada despierta y un carácter afable, siempre se tomaba un tiempo antes de responder fuera quien fuese el que le requería.

El verano que pasé en la corte atendí varias de sus lecciones públicas y sermones. Tuve la oportunidad de compartirle una inquietud: ¿De qué sirve gastar tanto esfuerzo en aprender si la vida es pura levedad?. Recuerdo la sonrisa que me dedicó y, por supuesto, su respuesta, "Sin sabiduría no encontrarás sentido. Sin sentido tu vida no tendrá valor. Sin valor estarás perdido."

Pese a su erudición, Nicolás era fundamentalmente un hombre de oración. Pude verle en tres ocasiones en la capilla de palacio meditando en silencio durante horas enteras. Dicen que de ahí provenía su portentosa inteligencia. Lo que sí es fácilmente verificable es que dedicaba muchas energías a leer e investigar. Su "Tractatus de configurationibus qualitatum et motuum" es una obra maestra y sus aportes en economía y filosofía natural inspiraron a muchos.

Una noche de invierno me mandaron llamar para atenderle. Sufría de dolor en la axila derecha y fiebre alta. Cuando llegué estaba postrado en la cama con mala cara y expresión de dolor. Le descubrí la zona y encontré un absceso de gran tamaño. Tras lavar la zona hice una incisión tal y como me habían enseñado en el hospital y dejé salir el pus maloliente que infectaba la zona. Lo lavé con vino y dejé un paño limpio hasta el día siguiente. Antes de irme me miró y me dio las gracias.

Incluso los mejores hombres se derrumban ante pequeños incidentes. Eso me hizo pensar en la importancia de la salumagia para poder descansar más tiempo en el presente y dotar de calidad a nuestra vida.

No le vi más. Me enteré que al día siguiente, ya sin fiebre, emprendió viaje a Lisieux, donde era obispo, aprovechando que los ingleses se habían replegado y podía desplazarse sin peligro.

Yo tuve que abandonar la corte al poco tiempo pero me llevé de allí la motivación para mejorar mi plan de estudios centrándome en mis dudas e inquietudes, en las zonas donde mi ignorancia era más manifiesta. Son éstas y no nuestras certezas las que mejor nos mueven.

Podrás practicar para desarrollar tu atención de manera formal e informal. La práctica formal te ayuda con técnicas y modos determinados, la informal te permite practicar eligiendo cualquier actividad a la que quieras prestar toda tu atención. En el siguiente capítulo encontrarás propuestas para seguir avanzado y una buena colección de posibilidades de salumagia para llenar tu vida de los ingredientes que desees.

CAPÍTULO 4. SALUMAGIA

Mi viaje más largo me llevó a la lejana ciudad de Isfahan gracias a una cadena de casualidades. La primera ocurrió una mañana de marzo mientras paseaba por la orilla del Sena. Tres frailes dominicos jóvenes salían de una iglesia a toda velocidad y tropezaron conmigo. No pude verles al taparme las cestas que llevaba la visión de ese lado de la calle. Todo acabó en el suelo. Avergonzados me ayudaron a recogerlo todo y me enteré de que iban a buscar una medicina para su superior Fray Garino de Guy-l'Evêque, postrado en su convento con fuertes dolores. Me identifiqué y me ofrecí a ayudarles lo que aceptaron de inmediato, tal era su preocupación. Uno de ellos llevó las cestas a casa de mi maestro mientras me dirigía con los otros a atender al enfermo.

No pude hacer mucho para aliviar. El mal que lo postraba en cama le producía ataques periódicos desde que regresó de Avignon, donde tuvo que mediar ante el Papa por los intereses de la orden en el complicado escenario que la Iglesia vivía esos días. Apliqué calor y le administré un sedante que le ayudó a dormir.

Estuve visitándolo durante dos semanas, en las que trabamos una buena amistad. Terminó mejorando y cada día agradecía más la conversación. Me permitió leer varios de sus libros y ver algunos de los mapas de André de Longjumenau un dominico inquieto que hacía años había viajado por la ruta de la seda en misión diplomática. Tenía delante el testimonio de uno de los mayores viajeros de la época. Fueron los nombres que leí en esos viejos pliegos y las rutas seguras que vi en los mapas lo que me permitiría regresar sano y salvo mucho tiempo después de las estepas del Asia central. Allí terminaría destilando los principios de la salumagia que llevaba tanto tiempo buscando.

Unos meses después de este encuentro recibí recado del convento de los dominicos. Una nueva misión a oriente partiría de inmediato y requerían mis servicios como médico. Desde el concilio de Clermont, doscientos años atrás, estaba prohibido a los clérigos desempeñar esta función. En esta ocasión el rey no quería correr riesgos.

Terminaría pasando varios años en Isfahan aprendiendo de la ciencia que allí enseñaban. Lo que transcribo a continuación debe mucho a esa época, a la generosidad de los maestros que me recibieron y a sus bien dotadas bibliotecas.

Salumagia general

La mayor magia

Es volver al presente:

Aquí, ahora.

Las siguientes páginas son una síntesis de salumagia general que trenza la fuerza y brevedad de los aforismos, la claridad de los pequeños textos y las frescas emociones que transmiten los poemas de tres versos en forma de haiku. Este planteamiento permite tejer una tela de colores vivos que ayude a recordar la magia que ofrece la salud y la vida cuando nos damos cuenta.

Es recomendable aplicar salumagia en tu vida si la notas triste o aburrida. Si el gris predomina o tal vez no ves claro en qué consiste exactamente eso de ser feliz.

La salumagia recurre a cualquier truco o hechizo que aporte conciencia y facilite darse cuenta del momento presente.

No es posible hacer salumagia en otro momento que no sea precisamente éste.

¿Por qué es tan importante regresar al presente? Porque es lo único real. Solo puedes vivir en el presente, si te vas al pasado estarás recordando. Si marchas al futuro estás imaginando.

Se fue el pasado

En presente descanso

¿Habrá futuro?

Todas las tradiciones culturales, religiosas, filosóficas y creativas que existen tienen sus salumagos principales. Son fácilmente reconocibles porque todo el mundo habla de ellos pero pocos consiguen imitarlos.

La mayor parte de las veces la salumagia es invisible. Solo produce fuegos artificiales y explosiones de luz y de color en ocasiones especiales, sobre todo cuando se unen muchas personas en torno a algo bello, bueno o creativo. Ser testigos de una buena acción, un fenómeno natural o un espectáculo artístico puede devolvernos al presente de una forma intensa. Lo habitual será tomar consciencia de cosas pequeñas y cotidianas: una respiración, un vaso de agua, los pasos que damos al pasear.

Nuestro mundo necesita urgentemente salumagia para evitar que el deterioro lo siga dañando y a nosotros también. Sin ella los entornos y las personas se contaminan, enferman y mueren antes de su debido tiempo.

La salumagia ayuda a recuperar el sentido de la vida al alumbrar los tiempos y circunstancias que nos aportan ese sentido.

Cuando alguien con una responsabilidad social como liderar, educar, curar o cuidar se convierte en salumago su labor pública comienza a brillar.

Es más fácil convertirse en salumago si tenemos alguno cerca para imitar pero viene bien recordar que casi todos los héroes y magos importantes pasaron mucho tiempo sin saber que lo eran. Debieron encontrar antes su propia llave de auto-conocimiento.

Muchos héroes

pasaron mucho tiempo

sin saberlo.

La mejor escuela de salumagia la tienes delante. Todos los instantes del día son una oportunidad para descubrir en ellos la salud y la magia que contienen. Para mejorar tus capacidades de salumagia necesitas practicar. Cada vez que tomes plena conciencia del momento presente estás practicando.

Donde hace más falta aplicar salumagia es en tus emociones, sobre todo en las que te sean más difícil manejar. Suele ser necesario aplicar nociones de alquimia interior para transformar los sentimientos más negros y pesados en otros más luminosos y livianos.

La oscuridad

esconde los caminos

si no hay luna.

A todo el mundo le sienta bien la salumagia, todos nos alegramos si aprendemos a atender nuestro presente para que la vida brille más y sea más plena. La salumagia nos enseña que incluso la sombra más tenebrosa es susceptible de transformarse aplicando conciencia.

La noche negra

es transformada en dicha

por esa vela.

Llegará el día en que todos los niños practiquen salumagia desde que desayunen hasta que se acuesten. De hecho, los juegos suelen basarse en ejercicios de atención plena que producen gozo y alegría.

Cuando juegas

Tu atención se centra

En el momento.

En este instante puedes regalarte un truco de salumagia si tomas conciencia de tu respiración. Cada inspiración y cada espiración contiene un poco del polvo mágico de hacerte presente.

Llenar tu momento presente de calma y paz expande tu salumagia a los que te rodean.

Cuando te calmas

esa paz que produces

llena la tierra.

Cada persona está separada de todas las demás por una pequeña toma de conciencia. La salumagia nos recuerda que en este momento todos los seres viajamos juntos. También es bueno darse cuenta de que estamos permanentemente separados del presente por una respiración, basta tomarla y regresar a nuestra casa, sentirnos en paz, sanos y salvos.

Aún no lo vemos

Pero toda la gente

Camina junta.

El sentido de la vida es que la propia vida se expande, crece y desarrolla. Los salumagos se dan cuenta y tratan de imitar el fluir de la naturaleza. Expandir, hacer crecer y desarrollar la conciencia nos llena de luz y expande esta en el mundo.

A los mejores salumagos les gusta más reír que tener razón. Cuando discutas con alguien hazte esta pregunta: ¿Prefiero ser feliz o tener razón? Si miras las caras de la gente cuando paseas por la calle podrás ver con facilidad qué suelen elegir.

¿Quieres el mundo?

quédatelo tranquilo,

dijo riendo.

Para hacer salumagia hay que mirar a los ojos.

La salumagia no define lo que es la felicidad pero facilita que te des cuenta cuando llega y que arregles tu casa para que te visite con frecuencia.

Este momento

contiene tanto gozo

como sepas ver.

La salumagia auténtica es gratis, no tendrás que pagar por cursos, programas o tutoriales. Si te piden dinero es otra cosa.

Tampoco podrás cobrar por hacer auténtica salumagia. Da gratis lo que recibiste gratis. No es posible ganarse la vida siendo salumago, la conciencia y la verdadera salud pertenecen a la vida y esta no se puede mercantilizar. La magia la tenemos delante, tampoco es negociable. Los salumagos consiguen su sustento de muy diversas maneras pero nunca se olvidan de su responsabilidad salumágica.

Ningún ser humano debería olvidar quién es.

Eres milagro

contienes universos

luz y sombra.

Ningún ser humano debería carecer de lo necesario para vivir.

Hay para todos

Siempre que compartimos

Lo guardado.

Ningún ser humano debería carecer de salumagia. Incluso en los escenarios más difíciles es posible desplegar conciencia y encontrar opciones. Cuentan que un hombre en un campo de exterminio se dio cuenta de que incluso allí su vida tenía sentido. Otro hombre al que encarcelaron injustamente catorce años pudo salir de la cárcel transformado y sin sentir rencor.

Si te sientes enfermo la salumagia no te devolverá la salud al instante, te ayudará a que reconozcas la que ya tienes, a adaptarte a lo que te pasa y a buscar respuestas que te alienten. No te permitirá ir en contra de las leyes de la naturaleza pero facilitará que fluyas mejor con ellas.

La salumagia enseña que eres dueño y soberano de todas tus sensaciones, ideas y sentimientos. Tú eliges cómo atenderlos y priorizarlos dado que son partes de ti mismo. Ningún contenido de conciencia interior te puede hacer daño a no ser que tú le des permiso para ello. Para sanar es fundamental recordar esta antigua certeza.

Aunque parezca mentira es frecuente encariñarse con ideas o sentimientos que nos causan dolor. Muchos se quedan pegados a ellos sufriendo y haciendo sufrir a los demás. Aportar luz para darnos cuenta de lo que pasa es la forma más sencilla de deshacer esos nudos. El aparente dolor o miedo que puede ocasionar esto se compensa con la enorme paz que conseguimos al permitir que una idea ó un sentimiento bloqueado terminen yéndose por fin a descansar.

Tú, emperador

de un mundo entero

¡y no lo sabes!

Todas las mañanas despertamos del sueño. No hay nada más revolucionario como despertar tras haber estado un tiempo dormido. ¿Permanecemos despiertos o volvemos a quedarnos dormidos? Basta con pensar un instante cuánto tiempo de la semana pasamos verdaderamente despiertos para darnos cuenta de lo necesaria que es esta revolución.

La salumagia nos invita a recordar que no pasa nada por estar despertando continuamente, una y otra vez; no es un fracaso. ¿Qué le vamos a hacer si nos quedamos dormidos con tanta frecuencia? El reto es seguir siendo principiantes y no cansarnos de levantarnos cuando nos caemos.

Tras mil caídas

Que fácil se levanta

El principiante.

La vida suele automatizar las conductas y procesos cotidianos para ahorrar energía y conciencia. Al aprender a montar en bicicleta cada movimiento está supervisado, lo que nos vuelve rígidos y un poco torpes. Cuando ya sabemos montar, el proceso se automatiza y se hace fluido. Los automatismos son útiles pero nos hacen vivir en modo de piloto automático. Saber alterar entre modo automático y manual según nos convenga es posible. Los salumagos aprenden cómo hacerlo y enseñan a otros la manera.

Si te acostumbras a estar presente cuando te laves las manos o los dientes habrás creado un buen número de oportunidades cada día para volver a él. También es posible hacerlo al levantarse o acostarse, antes de las comidas o en momentos que tú elijas.

Reservar un tiempo cada día para sentarte en silencio y estar presente es una buena decisión. No pasamos tanto tiempo como creemos conscientes de nosotros mismos. Lo habitual es que nuestra cabeza esté distraída con recuerdos o generando imaginaciones de futuro.

La cabeza no suele dejar de hablar. Solo calla cuando siente. Cuando te centras en sentir tu respiración o aquello que elijas contemplar.

Es posible contarte lo que es la salud, la magia, la salumagia y la atención pero solo descubrirás su verdadero significado si lo practicas.

Es frecuente tratar de buscar soluciones fáciles para problemas difíciles. Queremos una pastilla ó una pócima que haga desaparecer nuestro problema. Muchos lo saben y tratarán de engañarte vendiéndote algo que no funciona.

Esas pastillas

No saciarán tu sed

De sol y vida.

Con lo que la gente gasta en cosas superficiales se acabaría el hambre en el mundo. Si se dejaran de fabricar armas sería sencillo convertir el mundo en un jardín. Las cosas no cambiarán mientras no nos demos cuenta de que cada uno de nosotros tiene plena capacidad para ser feliz, para recordar quién es y para descansar en su presente.

Si eres pobre

Bailas y ríes delante

De los bandidos.

Al provocar miedo en la gente muchos defienden que es necesario armarse más. Si uno se da cuenta de que ese miedo es infundado, y que se puede manejar con un poco de atención, tal vez consigamos que esto deje de suceder.

Pese a su voz

En peligro no estás

Si eres presente.

La comprensión se esconde entre dos pensamientos. Cuando consigues estar atento a algo, la mente se detiene y surge la posibilidad de entender. Si estamos rodeados de pensamientos, ruido y prisa, no es fácil comprender. No nos solemos enterar.

Para un rato

Y hallarás respuestas

Que a ti llegan.

¿Cómo parar la mente?

Si tratas de dejar un instante parada la mente verás que te cuesta un gran esfuerzo. Los contenidos de la conciencia varían constantemente y no somos capaces de conseguir que esta permanezca vacía.

Si posamos la atención en la respiración tal vez consigamos por unos momentos no ser conscientes de nada más pero en seguida vendrán recuerdos, pensamientos, ocurrencias, imágenes o cualquier otra cosa. Préstales atención y sin castigarte vuelve a posar la conciencia en la respiración, en lo que sientes en este instante.

Parar la mente requiere mucha práctica y constancia. Solo tenemos la posibilidad de pararla un instante, al poco se volverá a agitar. Si aprendemos a unir un instante tras otro nos será posible permanecer atentos periodos más largos.

Los bebés miran con atención lo que les rodea pero se distraen pronto y cambian el objeto de lo que perciben. Poco a poco van consiguiendo fijarse más y detenerse en algo un periodo mayor. Nosotros seguimos también ese proceso de crecimiento y desarrollo de la atención. A base de practicar y repetir conseguiremos mejorar la calidad y profundidad de esa conciencia.

¿Qué hacer cuando duele el corazón?

La vida nos provoca emociones y sentimientos. Algunos son agradables, otros no. Con los placenteros no tenemos problemas, aceptamos todos los que nos llegan. La resistencia, ofuscación y el dolor surgen de los ingratos, de los que pesan más y son oscuros.

Cuando sentimos una fuerte emoción desagradable solemos escapar o atacar. Acudimos a nuestras reacciones primordiales que con frecuencia no son eficaces si la emoción es desproporcionada.

Transformar ese metal denso y doloroso en otro depurado y brillante ha sido siempre la más alta misión de los alquimistas. Estudiar los secretos de la alquimia es una buena propuesta para adiestrarse en la habilidad de manejar mejor las emociones. Tendremos que buscar un vaso que resista la energía del sentimiento y aplicar el fuego de nuestra atención. La mutación ocurrirá a su tiempo pero no tengas dudas de que habrás facilitado su proceso.

¿Cómo solucionar problemas pequeños?

Todos los días se nos presentan retos y problemas. Somos muy buenos solucionándolos. Tenemos capacidades increíbles para buscar respuestas y adaptarnos. Lo primero que necesitamos para solucionar un pequeño problema es detectarlo, darnos cuenta. Al prestar atención nos ponemos en seguida a pensar.

De nuestra habilidad de prestar atención y de la flexibilidad y creatividad de nuestro pensamiento saldrán las respuestas a los problemas cotidianos.

Jugar con adivinanzas y enigmas es una buena ayuda para fortalecer nuestras capacidades.

Mi maestro me hizo una única promesa: "Nunca jamás en tu vida tendrás que preocuparte de nada más que del próximo minuto". Gracias a ella he solucionado todos los problemas pequeños a los que me he enfrentado a lo largo de mi larga existencia. Caminando despacio y con atención cada minuto para avanzar hasta el siguiente y luego al próximo en un paseo que llega hasta hoy día.

Tomar profunda conciencia de esto nos simplifica la vida más de lo que podemos imaginar. Practica con los problemas pequeños que encuentres hoy, practica mañana y los días que desees. Cuando se te dé bien y sientas que lo entiendes podrás pasar al siguiente epígrafe.

¿Cómo solucionar problemas grandes?

En ocasiones nos enfrentamos con grandes problemas que sobrepasan nuestra capacidad de encontrar respuestas. Algunos directamente no la tienen o no nos presentan opciones aparentemente válidas.

Por mucho esfuerzo que hagamos aplicando pensamiento lógico no conseguiremos avanzar y nos agotaremos. Estas situaciones exigen de nosotros pensamiento no lineal. Y sobre todo mucha conciencia, mucha contemplación silenciosa. Para solucionar un gran problema habitualmente es necesario rendirse.

Aprender a contemplar los grandes problemas con la mente callada, sin pensar, es una habilidad de salumagia. Te ayudará a no agotarte ni agobiarte y a facilitar que la solución surja de forma natural a su debido tiempo. Tomar perspectiva para reconocer que nuestro gran problema no es más que una sucesión de otros más pequeños nos ayudará. De hecho si has llegado hasta aquí se supone que eres ya experto en solucionar problemas pequeños.

Quitar espinas

Una de las maneras más potentes de sanar que existen es la técnica de quitar espinas. Cuando tengas clavado un dolor interior, un problema irresoluble o algo que te cause pesar, no dudes en usarla.

Actúa igual que si te hubieras clavado una espina en la mano. Lo primero que necesitas es máxima atención para ver bien dónde está el problema. A veces no se ve correctamente y necesitarás más luz o tal vez una lupa.

Cuando hayas aplicado suficiente atención necesitas unas pinzas. Con ellas podrás sujetar firmemente la espina y retirarla. Las pinzas más potentes que conozco se llaman compasión. Si las usas con cualquier espina dolorosa en tu vida ya sea una relación conflictiva, una situación desesperada o un problema que te supera, te permitirán acercarte todo lo posible, sujetarla y retirarla con suavidad.

Hay zonas heridas en tu alma que tratas de mantener a oscuras fuera de tu atención. Seguirán doliendo mientras no consigas retirar las espinas. Atrévete a llevar la luz de tu atención allí donde estén y aproximarte a ellas con la máxima compasión que puedas generar.

Sanación salumágica

Para sanar heridas de cualquier tipo sirve la técnica anterior. Por muy fea que sea la lesión, por mucho que duela, es posible aliviarla y curarla.

Atención plena y compasión es todo lo que necesitas. Contemplar una herida propia o ajena con la suficiente compasión por el dolor que ha causado o sigue causando es la herramienta más potente que existe para llenarla de paz y reconciliación.

No te hace falta nada ajeno, ni siquiera que la persona o situación supuestamente causante de tu dolor haga absolutamente nada. Basta con tu atención y compasión. La conciencia te permite ver lo que hay, ni más ni menos. Y su hermana, la compasión, a aceptar el dolor y transformarlo en paz.

Toda herida es curable por muy grande que sea. Al final quedará una cicatriz, esas no se borran, pero no hace falta que duelan si permites que cure.

Técnica de los tres dedos

Una técnica de relajación inmediata es la de los tres dedos. Consiste en realizar una autoprogramación mental. Nuestra mente se puede programar a nuestra conveniencia creando un reflejo condicionado. Esta fácil técnica es un ejemplo que con creatividad puedes imitar, modificar o que puede servirte de ayuda para crear otras programaciones beneficiosas.

Consiste en facilitar tu presencia consciente sintiendo una intensa sensación de relajación y seguridad al unir las yemas de los tres primeros dedos de cualquier mano. Para ello busca un tiempo de tranquilidad en el que puedas relajarte y meditar.

Genera un estado de atención plena y una sensación de completa relajación y tranquilidad. Cuando estés preparado recuerda un mensaje que habrás escrito o pensado antes del tipo: "cuando lo necesite uniré las yemas de tres dedos de mi mano y sentiré al instante una gran relajación y paz, como siento ahora".

Tal vez necesites practicarlo varias veces pero al final te saldrá de forma natural.

Técnica de las tres respiraciones

Puedes crear tus propias técnicas a partir de las aquí expuestas. La de las tres respiraciones es útil en situaciones de agobio, miedo o cualquier sentimiento intenso. Se puede aplicar mientras esperas en una larga cola, en una discusión o si atiendes una lección aburrida.

Cuando necesites aportar calma en una circunstancia acuérdate de esta técnica, basta tomar tres respiraciones profundas que te ayuden a volver al presente y te permitan experimentar calma y serenidad. Puedes acompañar las tres respiraciones con alguna frase del tipo "deseo estar tranquilo y atento en este instante". También puede ayudarte pronunciar una palabra como "paz" o simplemente prestar plena atención a las respiraciones.

Es un poderoso mecanismo de control de la impulsividad. Si notas que una conducta automática te pierde y te mete en problemas acostúmbrate a respirar tres veces antes de responder.

¿Cómo programar un sueño?

Desde la antigüedad sabemos que de los sueños surgen respuestas importantes para cuestiones de nuestra vida. Lo que quizá no sepas es que puedes programar tus sueños para generarlas.

Necesitarás primero recordar los sueños. Eso es fácil si deseas hacerlo. Deja un cuaderno al lado de la cama y si te levantas por la noche o al despertar por la mañana apunta de inmediato lo que recuerdes de tus sueños por poco que sea. Ha de ser inmediato para que no se pierdan los recuerdos. Si lo conviertes en un hábito será más fácil programar los sueños.

Antes de acostarte dite a ti mismo que deseas soñar sobre un tema o necesitas encontrar la respuesta a un asunto. Pídete por favor que la misma te venga en forma de sueño. Los resultados pueden ser variados, y la respuesta tal vez emerja de otra forma, pero plantearte el deseo de saber en cualquier caso te ayudará a encontrar.

Liberar cadenas

Tú bajaste, entre todas las ráfagas del cielo:

al modo de un espíritu o de un pensar, que agolpa

inesperadas lágrimas en ojos insensibles,

o como los latidos de un corazón amargo

que debiera tener ya la paz, descendiste

en cuna de borrascas; así tú despertabas,

Primavera, ¡oh, nacida de mil vientos! Tan súbita

te llegas, como alguna memoria de un ensueño

que se ha tornado triste, pues fue dulce algún día,

y como el genio o como el júbilo que eleva

de la tierra, vistiendo con las doradas nubes

el yermo de la vida.

La estación llegó ya, y el día: esta es la hora;

has de venirte cuando sale el sol, dulce hermana:

¡llega, al fin, deseada tanto tiempo, y remisa!

¡Qué lentos, cual gusanos de muerte los instantes!

El punto de una estrella blanca aun tiembla, en lo hondo

de esa luz amarilla del día que se agranda

tras montañas de púrpura: a través de una sima

de la niebla que el viento divide, el lago oscuro

la refleja; se apaga; ya vuelve a rutilar

al desvaírse el agua, mientras hebras ardientes

de las tejidas nubes arranca el aire pálido:

¡se pierde! Y en los picos de nieve, como nubes,

la luz del sol, rosada, ya tiembla. ¿No se oye

la eólica música de sus plumas, de un verde

marino, abanicando al alba carmesí?...

Percy Bisshe Shelley

Con el tiempo las personas nos vamos cargando de cadenas. Limitaciones oscuras, ataduras. Algunas son pesadas, otras ligeras, pero a fin de cuentas todas nos atan y limitan. Producen dolor y sufrimiento al sujetar nuestra libertad y creatividad. Nos hacen ser menos de lo que somos. Nos sumergen en sombra.

Es posible liberarse de todas las cadenas, basta con iluminarlas. Producir la suficiente luz para darnos cuenta de que no eran reales. Eran de negro humo pese a simular hierro.

¿Qué te limita hoy? ¿Qué pensamientos o sentimientos notas que te sujetan? No luches contra ellos tan solo míralos a la cara. Con un ratito basta, ya volverás mañana. La suavidad del agua termina siempre venciendo la roca más robusta.

Porque como dijo un sabio que fue encarcelado muchos años "ser libre no es solamente desamarrarse las propias cadenas, sino vivir en una forma que respete y mejore la libertad de los demás".

Cultivar mariposas

"La felicidad es como una mariposa. Cuanto más la persigues, más se escapa. Pero si vuelves la atención hacia otras cosas, ella viene y suavemente se posa en tu hombro. La felicidad no es una posada en el camino, sino una forma de caminar por la vida."

Victor Frankl

Queremos ser felices. Buscamos las formas, los objetos, las circunstancias y las personas que pensamos nos traen felicidad. Esto explica el buen funcionamiento de los mercados. Pensamos que al comprar y consumir seremos más felices, atraparemos la mariposa de la felicidad.

Las mariposas gustan de volar en libertad, aman el sol y el aire libre, la belleza y la brisa. Acuden a las flores y se posan en tallos de hierba fresca. Extienden sus alas y reposan luego salen volando. Acudirán a ti si caminas por el sendero disfrutando el camino, sintiendo cada paso, respirando profundo. Si vas corriendo o distraído no las verás.

Nuestras acciones pueden ser mariposas de felicidad para otros. Podemos generar belleza, bondad y arte. Compasión, consciencia y suavidad. Esta habilidad causa una profunda felicidad. Mientras más luz damos, más sentimos la que brota de dentro. No es necesario pedir nada, ya lo tienes.

Verás personas que dejan mariposas a su paso, otras secan las flores y dejan mal aroma. Todos podemos elegir lo que queremos que mane de nosotros. Aprende del bebé que aun no sabe su nombre pero es un maestro en regalar una gran mariposa de color a todos los que mira.

Práctica formal e informal

La práctica de la atención puede ser formal o informal. La primera requiere seguir algún tipo de técnica o método. La segunda se puede hacer en cualquier situación.

La práctica de atención formal se denomina meditación, contemplación u oración. Hay muchas formas de hacerlo que dependen de tu entorno cultural y familiar. Suele bastar con adoptar una posición de quietud y dedicar un tiempo de silencio a centrar la atención en la respiración, una palabra repetida o en cualquier objeto.

Sentado miro

Esa luz de la tarde

¡Y me doy cuenta!

Se puede empezar con tiempos pequeños y adaptarlos a nuestras circunstancias personales. Es muy aconsejable crear un hábito para facilitar esta dimensión.

La propuesta más sencilla comenzaría encontrando un tiempo y un lugar sin ruido ni interrupciones. Adoptaríamos la posición sentada en una silla o en el suelo, con la espalda recta pero sin rigidez. Pondríamos una pequeña alarma o un reloj con aviso. Una vez dispuestos tomaríamos conciencia de la respiración sintiendo cómo el aire entra y sale del cuerpo. Si nos descubrimos despistados volveríamos de nuevo a contemplar la respiración.

El objetivo no sería relajarnos aunque sea probable que ocurra. Lo que se busca es estar presente, estar atento a algo.

Regresar quiero

Las infinitas veces

Que me pierdo.

Podemos ayudarnos de los sonidos ambientales, de una meditación guiada, de una frase o palabra que repitamos o de un objeto que contemplemos. Hay muchas técnicas y formas diferentes que nos pueden facilitar las cosas.

En mis visiones

Nacen y mueren mundos

Todos bailando.

La práctica de atención informal consiste en ser consciente de cualquier actividad que elijamos. Un paseo, una comida, lavarse las manos, barrer una habitación… podemos tomar conciencia de cualquier cosa. Al hacerlo intentaremos sentir todo lo que podamos y dejar de pensar por un momento. Nos centraremos en aquello que hayamos elegido contemplar.

Es fácil de entender que estas prácticas se pueden hacer todas las veces al día que queramos. Mientras más lo repitamos más fácil nos resultará. En ocasiones tal vez nos sintamos disgustados al comprobar nuestro nivel de despiste. Merece la pena contemplarlo con aceptación y paciencia. Esa incomodidad es un buen aviso que nos ayuda a volver a intentarlo.

Marché mil veces
Y otras tantas volví…
La puerta abierta.

La atención es variable, desde su ausencia cuando estamos inconscientes hasta el máximo nivel de concentración que podamos alcanzar. Pasamos unas ocho horas del día dormidos, con la atención apagada. El resto del tiempo nuestra conciencia suele estar en modo automático con algunos momentos de atención distribuidos en el día.

Si por ejemplo revisamos las comidas de la última semana, nos daremos cuenta de que recordamos poco de las mismas. Tómate un minuto para hacerlo. La mayoría del tiempo estuvimos comiendo de forma automática distraídos con la conversación, el ruido de fondo y otros estímulos. En nuestra cultura la alimentación humana suele recibir muy poca atención. Es una de las causas por lo que es tan habitual comer más de lo que necesitamos.

Tantos manjares
Pero no se enteraron
¿Comieron algo?

¿Qué es la visualización?

También podemos recorrer nuestro cuerpo con la atención o generar una o varias imágenes. Esto se denomina visualización y permite crear imágenes mentales con la ayuda de la imaginación.

Con la visualización podemos tomar conciencia de cualquier parte de nuestro cuerpo, también de problemas ó situaciones que nos preocupen. Podemos visualizar a otras personas para ayudarlas, incluso crear imágenes con la intención de aportar equilibrio, salud o paz.

Comienza creando una imagen del problema tal y como es en este momento. Contémplala un instante aportando calma y compasión, paz y tranquilidad. Deja que esa imagen marche y crea otra en la que veas el problema o la situación resuelta. Con tu intención regala este momento a las personas implicadas.

Te fuiste lejos

Mi corazón te vio

¡Ya estamos juntos!

Para visualizar es aconsejable partir de un tiempo de meditación y presencia en el que tengamos el cuerpo en quietud y la respiración nos ayude a centrarnos. Una vez que hayamos frenado la prisa habitual podremos empezar a visualizar como si con los ojos cerrados viéramos una gran pantalla de cine interior en la que proyectamos imágenes.

Es posible hacerlo en tres dimensiones, la imaginación nos permite todo tipo de licencias. Podemos ver y sentir, meternos dentro de una pared, volar por el espacio, convertirnos en gota de agua o en planeta. Viajar a cualquier lugar, convertirnos en cualquier personaje. Las imágenes creadas pueden ser estáticas o dinámicas, fotos o películas.

Visualización del nivel mineral

Puede que no lo hayas hecho nunca pero es posible visualizar el reino mineral y sentirlo profundamente. Se aconseja hacer este ejercicio con un mineral o piedra en la mano. Podemos mirarlo, olerlo, apretarlo. Luego cerraremos los ojos imaginando que somos ese mineral, que nos metemos dentro, que sentimos su temperatura, su dureza, su orden.

Es posible sentir su geometría y arquitectura interna como si fuera una inmensa catedral y nosotros estuviéramos dentro admirando bóvedas y columnas.

Visualización del nivel vegetal

Al contemplar el reino vegetal nos podemos ayudar de la hoja de alguna planta. Pediremos permiso en voz baja a la planta para tomarla. Con ella en la mano cerraremos los ojos y nos imaginaremos que nos metemos dentro como si fuéramos diminutos. Veríamos la arquitectura vegetal, sus fibras y células ordenadas. El color verde, las sensaciones, el olor, el sonido.

Visualización del nivel animal

Podemos elegir cualquier animal que nos guste. Si tenemos alguno en casa será una gran ayuda tenerlo cerca o acariciarlo durante esta actividad. Cerraremos los ojos para imaginarnos que estamos dentro. Notaremos su calor, el ruido de su corazón, sus distintas partes, la textura y el tacto dentro del mismo.

Visualización del nivel humano

Cuando relajamos el cuerpo tomando conciencia de sus partes visualizamos de alguna manera cada parte del mismo. La visualización nos permite imaginar el cuerpo de mil maneras. Podemos atrevernos a ver nuestro hígado por dentro, o nuestro tórax con el corazón palpitando y los pulmones expandiéndose y contrayéndose. Podemos imaginar la estructura del hueso o viajar por el torrente sanguíneo. Ser un impulso nervioso o contemplar la sinfonía de luz del cerebro con sus millones de mensajes corriendo de un lugar a otro.

Cuando hay alguna parte dolorida o enferma también nos será posible imaginarla sana, aplicar luz, calor y curación. Mandar nuestro deseo de equilibrio y sanación.

¿Cómo generar esferas de luz?

Una esfera de luz es un regalo. Cuando la visualizas puedes generar el color y la emoción que desees. Pueden ser grandes o pequeñas, brillantes u opacas, tranquilas o apasionadas. Son bolas luminosas que tu imaginación crea cuando estás relajado respirando en tu presente, se pueden parecer a grandes pompas de jabón. Si te rodeas con ellas experimentarás la emoción que las forma.

Si las mandas a otras personas, lugares y situaciones, llevarás su luz, color y temperatura allí donde desees. Es una forma de meditación sin palabras. Expresas un deseo en forma de esfera y de color, lo lanzas al espacio como una pompa flotante. Es posible hacerlas muy grandes y envolver familias, ciudades o planetas. No hay límite alguno para este bello e increíble poder.

Creatividad

La creatividad es una gran ayuda para aportar atención a tu día. Cuando buscamos nuevos caminos y nuevas formas de hacer las cosas estamos más presentes. Las personas creativas suelen estar más despiertas que las que apoyan toda su semana en rutinas.

Cambia este paso

En un baile exquisito

Brilla la tarde.

No hace falta hacer cosas complicadas. Quien sea constante desarrollará una atención más profunda y será capaz de permanecer más despierto cada vez. Todos los bebés terminan caminando tras incontables intentos que acaban en caída. El proceso de desarrollar plena conciencia es mucho más complicado.

Con dar un paso

El más largo viaje

Da comienzo.

Es posible ser creativo en la cocina, en la sala del trono, limpiando suelos o dibujando los planos de una casa. También a la hora de ir siempre por los mismos caminos o ser capaces de cambiar a diario.

Poesía mágica

Una manera elegante de usar las palabras con magia es transformarlas en verso. Toda persona lleva dentro poesía y sentirá placer y alivio al dejarla salir. Nuestro mundo está lleno de noticias terribles y discursos oscuros. Se nos olvida rescatar el brillo y la frescura de la poesía. Son los poetas los que debían llenar esta tierra de alegres mariposas y brillantes esferas de color.

Esta asignatura te producirá sorpresa, tanto al leer como al crear tus propios poemas. Si vas regando tus días con ellos, dejarás un aroma delicado al pasar. Siempre quedará aroma en la mano que da flores.

Prueba a escribir un poema sencillo y regálaselo a alguien que tú elijas. No esperes conseguir un efecto determinado, tan solo siente tu intención de crear y compartir belleza. Esa es la recompensa. En ocasiones, tal vez más tarde, encontraremos gratitud, una sonrisa o un comentario amable. Agradécelos siempre.

Dicen que hace ya mucho tiempo

Un sabio indio se sentó bajo un árbol

Cansado de buscar y no encontrar sentido

Ni en el lujo excesivo ni en la extrema privación.

Dicen que ese hombre encontró allí la luz

Y pudo ver por fin que era muy fácil.

Bastaba con pararse y respirar tranquilo,

Bastaba con sentir el momento presente.

Dicen que ese hombre, o tal vez esa mujer,

Eres tú mismo ahora

Que con los ojos acaricias

Este sencillo verso que te invita

A respirar pausado, a volver a este instante.

Dicen que algún día por venir

Toda la humanidad se unirá a este poema

Y no harán falta más ataques,

Las divisiones no serán necesarias:

Volveremos a ser una sola familia.

Sexo mágico

Una de las cosas más mágicas que existen es el sexo. Tal vez por eso sea de las más misteriosas y prohibidas. En un libro de salumagia es necesario tratar el tema, para que rescates toda la luz que contiene.

Los animales han adoptado la diferenciación sexual como medio de perpetuación de las especies al ser un mecanismo útil para ello. En el ser humano observamos algunas peculiaridades, por hacerse más complejos tanto su cerebro como sus relaciones sociales y culturales.

Así pues la sexualidad humana implica las funciones reproductivas de la especie pero también importantes expresiones de comunicación, afectividad y organización social.

Es común en nuestra sociedad reducir el ámbito de la sexualidad a las relaciones sexuales y dentro de éstas al coito. El acto sexual, hacer el amor, resume para muchos lo que es la sexualidad y la forma en que ésta se expresa pero el sexo es muchísimo más. Es posible expresar sexualidad con una mirada, un silencio, una caricia, una poesía o un acto creativo, bello o sorprendente.

El coito exige un alto grado de atracción, deseo e intimidad y, pese a tener una base puramente biológica, es modulado por el órgano sexual principal del ser humano: su cerebro. Tenemos la opción de vivir este momento desde niveles meramente biológicos a altamente afectivos e incluso transcendentes.

Es en este órgano donde se produce la recompensa en forma de placer que permite la perpetuación de la especie. La unión y excitación progresiva de los órganos sexuales hasta conseguir un máximo en el orgasmo favorece enormemente que esta conducta sea provocada y repetida.

Rescatar la magia de la sexualidad humana es hoy una prioridad. Hay muchos intereses para que el sexo se convierta en una mercancía de consumo o una vía de escape, pero estas aproximaciones generan mucho sufrimiento.

La magia del sexo es evidente por su poder de transformar, ilusionar, animar y amar. Si aplicamos salumagia a nuestras relaciones sexules encenderemos la luz de la atención plena. Seremos más conscientes de lo que sentimos y siente nuestra pareja. Podremos acercarnos al misterio del otro con la suficiente prudencia y respeto que merece. Podremos contemplar el misterio de la vida que es capaz de brotar de dos personas que deciden compartir el espacio de sus cuerpos, su luz y la vida que albergan.

Desde la alta antigüedad la sexualidad ha sido sagrada. Lo sagrado exige descalzarse, dejar los zapatos fuera. No es necesario convertirla en rito ni utilizar ninguna técnica determinada. Se requiere tan solo una actitud de respeto y reverencia, de asombro y de alegría.

Cuesta educar bien sexualmente dado que a los adultos estos temas nos resultan complicados de verbalizar y terminamos limitandonos a lo aparente. La información que encontramos en la calle tampoco suele ser de calidad. Mientras más compleja se hace una sociedad más parece alejarse de la naturalidad con que los antiguos vivían su sexualidad.

La poesía y el arte son buenas formas de comunicación en este caso, dado que los artistas se sirven de su creatividad para expresar lo que sienten de una forma entendible y bella. Al final, cada cual habrá de experimentar y comprender su vivencia sexual. Habrá de atreverse a sentir y a mirar de frente lo que siente pudiendo esto coincidir o no con lo socialmente aceptado, con las normas o con lo que uno piensa que está bien o esta mal.

Si encuentras conflicto entre lo que sientes y lo que piensas no te preocupes, es muy frecuente. Exprésalo contándolo, escribiéndolo o convirtiéndolo en arte. Mientras te atrevas a dejarlo salir todo irá bien y no se oxidará dentro de ti.

Conocerse a uno mismo es la llave que nos abrirá la puerta de una sexualidad gozosa. Sin conocerse bien a uno mismo poco se podrá entender y no será posible abandonar la superficie para explorar los corales y peces de colores que habitan los fondos.

La afectividad está muy conectada a la sexualidad. En este terreno se mueven grandes impulsos, deseos, atracciones, sentimientos y pasiones. La intensidad de estos elementos hace complicado manejar con habilidad nuestro barco vital en un mar con olas y tormentas de ese tamaño.

De los encuentros y desencuentros amorosos surgirán emociones y pasiones que será necesario canalizar. Quienes dispongan de un buen crisol alquímico lo harán con más facilidad que los que no.

Usar la piel como instrumento de comunicación es algo sorprendente. Un suave toque con un dedo, una caricia, puede expresar más que mil palabras. Aprender a hablar este lenguaje permite entrar en un mundo capaz de generar grandes espacios de intimidad. Lo que se habla en una relación íntima no es posible gritarlo desde los tejados.

Convertir la pesadez y oscuridad del deseo y la necesidad humana en la levedad y brillo áureo del afecto y el amor es alta alquimia. Te hará falta dominar artes superiores a las expuestas en estas páginas para conseguirlo.

Dado que hay pocos alquimistas, tanto la sexualidad como las relaciones humanas en general siguen siendo plomizas y grises en muchos casos. A medida que más personas se atrevan a usar el crisol de su presente y proyectar en él toda su atención, los afectos, sentires y deseos sexuales irán transformándose en un impulso que humanice.

No es necesario tener relaciones sexuales completas para obrar esta alquimia. Basta con recordar que nuestra verdadera casa es volver a respirar recuperando el ahora. Basta con sentir la enorme paz que todos llevamos bajo la superficie turbulenta de las aguas de nuestras circunstancias. Será ahí donde recuperemos nuestro nombre, y desde él bailemos con los otros.

Para crear un espacio de intimidad no es necesario el contacto físico. Basta unir tu atención plena con la de otra persona, tu lámpara interior a la suya. Alumbrareis un espacio mayor que dotará de calidad la conversación o las acciones que compartáis.

Y, por último, rescatemos la importancia del contacto físico. Un abrazo, un apretón de manos o de hombro, posar nuestra mano en la del otro, acariciar, son gestos que transmiten presencia y ayudan a los demás a saber que estamos cerca. Cada uno de ellos encierra una potente magia. Úsala para bien, hay mucha gente esperando esa energía sanadora.

Salumagia para profesores

Cuando uno tiene la función de enseñar algo a los demás se convierte en profesor. Para hacerlo bien hay que aplicar cierta salumagia. Todos tenemos que desempeñar esta función en alguna ocasión. Las siete palabras que definen al buen maestro podrían ser:

* Aceptar

* Respetar

* Claridad

* Perspectiva

* Pasión

* Resistencia

* Inspiracion

El maestro salumago acepta la aparente diferencia de cada persona, respeta sus capacidades y peculiaridades, aporta claridad que facilite el entendimiento y la toma de conciencia. Aplica perspectiva para nutrir los puntos de vista del que aprende. También regala su pasión por el saber que trata de transmitir y muestra resistencia en la labor de acompañar el largo camino del aprendizaje. Finalmente regala inspiración para que otros se inflamen con la llama de la que él mismo es portador.

Salumagia para sanadores

Con frecuencia nos encontramos con personas que sufren. Aliviar y acompañar el dolor es una facultad que todos tenemos. Llama la atención que muchos que se ganan la vida con este oficio hayan olvidado la magia de la que son custodios.

* Descalzar

* Acompañar

* Cuidar

* Escuchar

* Conocer

*	Humanidad

*	Creatividad

El verdadero sanador se descalza siempre ante sus pacientes al reconocer que el terreno que pisa un ser humano en tiempo de enfermar es sagrado y al darse cuenta de que no debe mancharlo con el barro cotidiano de sus botas. La sanación precisa acompañar, saber estar, ser fiel en el camino y mostrar cercanía. Cuidar significa atender, ayudar a que la otra persona esté aliviada, para esto hay que escuchar con calidad. Nuestra atención ha de desplegarse al máximo para que la persona dolorida pueda hablar y al hacerlo se cure a sí misma.

Sanar requiere conocer, es preciso un camino previo de estudio y aprendizaje de uno mismo y de los mundos y materias diversos que nos aportarán conocimiento para saber hacer. La humanidad es fundamental, grandes sabios se perdieron por haber olvidado ser humanos. Por último la creatividad es la varita mágica del sanador, cada sufriente es completamente único y eso obliga a aplicar la máxima creatividad para no repetir patrones y encontrar la forma adecuada de sanar de cada cual.

Salumagia para líderes

Los clanes siempre tuvieron líderes, fueron aquellas mujeres y hombres capaces de ver con claridad el bien común y trazar el mejor camino para hallarlo. De ellos dependía la supervivencia del grupo y ejercían su labor sabiendo el valor y el peso de esta responsabilidad.

Hoy los líderes se olvidaron de esto y suelen buscar su beneficio personal antes que el de los demás aunque aparentan ser expertos en decir lo contrario.

Los líderes que recuerdan lo que es la salumagia tienen estas cualidades: humildad, prudencia, conciencia, integridad, valor, sabiduría y visión.

Humildad significa saber ponerse los últimos pese a que les corresponda ser los primeros. Benefician a los demás y no se otorgan honores ni privilegios.

La prudencia es el arte de decidir con equilibrio y actuar con mesura. No deja la mano reaccionar a su arbitrio, más bien la sujeta y medita las consecuencias de las palabras, acciones y omisiones.

Tomar profunda conciencia es fundamental para guiar a otros. Se requiere máxima atención frente a uno mismo para poder tenerla con los demás.

Ser coherente es el requisito para que pensamiento, sentimiento y acción estén alineados y armónicos. En un mundo falto de armonía como el que habitamos, la ausencia de coherencia e integridad es la norma. Por eso el líder necesita afinarse a diario. Ser íntegro no es una cuestión mental ni de discurso. Es la consecuencia de mantener los pies firmemente en el suelo, el corazón en sintonía con los que nos rodean y la cabeza despejada que nos permita mirar el camino que andamos, el lejano horizonte y las estrellas.

La auténtica valentía es espontánea. No lleva cuenta del daño personal ni pone traba para arriesgar la vida si hay una razón suficiente o un sentido profundo. Pone el bien común por encima del nuestro y nos permite dar lo mejor de nosotros.

La sabiduría va mucho más allá que el conocimiento. Implica conocer pero también diferenciar. Requiere que tengamos unos valores firmes que nos permitan sentir con claridad qué es lo más importante. La construcción de un criterio personal que nos ayude a diferenciar y valorar correctamente será básico si no queremos perdernos en los laberintos que la vida propone de continuo.

La visión nos permite no tropezar, encontrar los caminos, evitar los peligros. Para tener visión se necesita perspectiva, flexibilidad y pericia para moverse y encontrarla. Incluso en la noche es necesaria, cuando no hay luz son los pies los que guían.

Para ser un buen líder suele ser necesario tener excelentes referentes, encontrar inspiración y descubrir el modo de contactar profundamente con uno mismo y con los niveles de todo lo que existe. Si uno es capaz de liderar todo lo que habita su mundo interior no tendrá dificultades para hacerlo con lo que le rodea.

Sobre los ángeles

Los ángeles son seres de luz que pertenecen a esferas celestiales. En ocasiones pueden presentarse en la vida de los hombres como atestiguan místicos y artistas.

Son portadores de inspiración, mensajes e ideas, y pese a ser invisibles a la vista no lo son al corazón.

Gustan de frecuentar lugares bellos y bibliotecas, donde admiran la creatividad de la naturaleza y la de los humanos. Se reúnen al atardecer a la orilla del mar deleitados por la suma belleza del momento.

Son seres livianos no atados a la mortalidad, al deseo ni a la oscuridad. Están hechos de pura luz por lo que carecen de sombra, eso explica que no se puedan ver.

Existen siete arcángeles: Miguel, Gabriel, Rafael, Uriel, Raguel, Sariel y Remiel, que guían a todos los demás formando ejércitos que son más bien coros celestiales responsables de orquestar con armonía la música de las esferas.

Tal vez te encuentres con alguno a su debido tiempo.

No te asustes, su misión será siempre aportarte luz, guía, consuelo o inspiración cuando por alguna razón hayas olvidado la Gran Luz de la que tú mismo eres portador.

Las criaturas de luz son manifestaciones que te ayudan a recordar quién eres. Dicen que a veces echan de menos la finitud humana que nos dota de un sentido del que ellos carecen. Poco se puede saber al ser tan grande la distancia entre sus esferas y la nuestra.

Yo no me he encontrado nunca cara a cara con un ángel pero tengo la sensación de que en muchos momentos de la infancia estuvieron presentes. Tuve que pasar largas horas en soledad y como niño no lo solía llevar bien. Las imágenes de ángeles de los capiteles del claustro fueron mis primeras ayudas para regresar al presente y no perderme con mis miedos.

La figura de Isabel de Alençon ha sido lo más parecido a una madre que he tenido. Fue la monja que más protegió mi infancia llenándola de cuentos y de fantasía. Su enorme memoria me proveyó de incontables historias, leyendas y narraciones antiguas. Inició mi plan de estudios personal animándome a investigar, leer y plantear preguntas. Cuando a los once años tuve que abandonar el monasterio fue ella la que me consiguió un trabajo en casa de uno de los libreros parisienses que suministraban material a su biblioteca.

Su mayor habilidad era la salumagia. Era capaz de sentarse a tu lado sin aparentemente requerir nada de ti. Al poco sentías una paz y una tranquilidad que no sabías de dónde venían. Más tarde me di cuenta de que surgían de su modo de estar, de la facilidad con la que contactaba con su alma y se hacía presente. Irradiaba esa enorme presencia y te ayudaba a ser testigo de la misma incluyéndote en ese momento de atención.

Has visto en estas páginas que la salumagia te permite hacer muchas cosas para estar más atento a lo que pasa en tu vida. Tienes facultades maravillosas a tu alcance capaces de traer salud, paz y alegría para ti y para quién tú desees. No servirá de mucho si estás permanentemente despistado. Recuerda que puedes respirar hondo ahora mismo, te pido por favor que lo hagas ahora. Hazlo de nuevo si eres tan amable. Repítelo varias veces y vuelve a este momento. Así estás listo para descubrir más materiales mágicos cuyas increíbles posibilidades te contaremos en el próximo capítulo.

CAPÍTULO 5. MATERIALES MÁGICOS

"Yo necesito pocas cosas y las pocas que necesito, las necesito poco." Francisco de Asís.

Hay multitud de ayudas para hacer salumagia, para permitir que inunde tu vida y te aporte conciencia y plenitud. Verás que conoces ya muchas y que otras son muy fáciles de encontrar y utilizar. Varitas, polvos mágicos, alfombras voladoras y otros efectivos recursos te harán la vida más fácil y divertida, también a los demás. Casi cualquier cosa puede ser una ayuda para que te sientas sano y encuentres la magia del momento presente.

Disfruta con los siguientes materiales mágicos y acuérdate de usarlos para volver a tu presente, que es tu verdadero hogar, y ayudar a otros compañeros y compañeras de camino.

Varitas mágicas

Es tu varita

La mágica virtud

De la atención

La principal varita mágica de todo salumago es su atención. Allí donde la dirija es posible desplegar un espacio de salumagia.

La varita mágica más fácil de encontrar es tu respiración. Tomar conciencia del aire al entrar y salir es una de las formas más potentes de regresar al momento presente.

El presente es el punto da apoyo donde podrás apoyar las palancas necesarias para levantar todo tipo de pesos, situaciones y emociones complejas.

Con ayuda de la varita se pueden crear materiales mágicos especialmente para ti. Recuerdo que la mayor parte de los maestros que conocí portaba algún tipo de anillo, colgante u objeto mágico que les ayudaba a estar presentes y focalizar su atención.

También me he encontrado con libros mágicos que son aquellos que tienen la facultad de traerte al presente, inspirar e ilusionar. Suelen estar escondidos entre libros ordinarios y no suelen destacar, pero su valor es inmenso.

Muchos de los juglares que encontré a lo largo de los años tenían la capacidad de convertir sus instrumentos musicales en varitas mágicas. De alguna manera los luthiers que los fabricaban solían tener alguna noción de salumagia y eran muy cuidadosos a la hora de elegir la madera y los materiales adecuados.

Palabras mágicas

En la tradición se habla de palabras mágicas. Abracadabra, Kiskiriskis, Ábrete Sésamo, Sim Sala

Bim, Hocus Pocus, Expecto Patronus… son algunos ejemplos. Muchas de ellas son secretas y pertenecen a escuelas ocultas. Es verdad que parece prudente reservar algunas para la vida pública y otras para la privada, cada cual tendrá que aprender a diferenciar cuáles. Lo cierto es que muchas palabras pueden contener magia si se dicen en el momento y circunstancia adecuados. Recordaré mis siete palabras mágicas favoritas:

1. Gracias

2. Por favor

3. Perdón

4. Permiso

5. Expresiones de saludo: hola, adiós, buenos días…

6. Expresiones de interés: ¿cómo estás? ¿Qué tal te va? ¿Cómo te sientes?

7. Nombrar, pronunciar el nombre de la otra persona.

Podéis creerme si os digo que tras muchos viajes y mucha vida recorrida no he encontrado en ningún lugar conocido palabras que contengan más magia que éstas ni que abran tantas puertas.

La poesía tiene también poder de convertir las palabras en mágicas.

Dijo mi amor

Vendré por ti de noche

Luna me hice.

Si son pronunciadas en los oídos adecuados son capaces de obrar grandes transformaciones.

No desestimes el poder de las palabras para sanar pero también para enfermar, para aliviar pero también para atacar. Antes de hablar piénsalo bien, toma conciencia.

Al escribir pasa lo mismo, es posible obrar salumagia si eres capaz de apuntar las ideas adecuadas y darlas a quien las necesite en el momento justo. Una breve nota o una carta pueden ser instrumentos de salud y de magia. Me sigue resultando increíble que pese a ser tan sencillo se use tan poco este tipo de material mágico.

Campanas mágicas

Las campanas y su sonido nos ayudan a prestar atención al momento. Siempre fue así en la antigüedad y en muchos lugares del mundo. Ayúdate de ellas para volver al presente. En algunos lugares no se encuentran, pero nada impide que tengas una pequeña en casa.

El sonido del metal es limpio y vibrante. Nos llama la atención. Es posible oírlo a grandes distancias y de forma natural nos ayuda a hacer silencio interior y estar atentos. En la vida cotidiana encontramos muchos sonidos diferentes pero, como sabes, no todos tienen el mismo poder para sacarnos del sueño.

Otras muchas cosas te pueden facilitar regresar al presente, y como ves lo más fácil suele ser generar algún hábito. Por eso las campanas suelen tocar a ciertas horas o en ciertas circunstancias. Se fueron creando distintos tipos de llamada y anuncio por ejemplo de alarma, fiesta, funeral... De este modo ayudan a orientarse en el tiempo y dan información de lo que pasa.

Los siete pilares

La salumagia se apoya en siete fuertes pilares, si te apoyas en ellos tu vida se desplegará con mayor armonía:

* Mente de principiante

* Paciencia

* Aceptación

* Confianza

* Fluidez

* Ausencia de juicio

* Ceder

La mente de principiante nos ayuda a tener la actitud adecuada para abrirnos a lo nuevo y poder aprender. El que ya sabe mucho no conseguirá la apertura suficiente dado que ya tiene mucho conocimiento y muchas respuestas.

Sin paciencia no es posible avanzar. Es necesario levantarse tras cada resbalón. Ser pacientes nos ayudará a no desesperar e intentarlo de nuevo.

La aceptación es fundamental para permitir que el sufrimiento no se nos quede pegado. Mientras menos aceptamos más nos resistimos y por lo tanto más sufrimos.

Confiar permite dar un paso. Nos deja avanzar sin miedo. Es el requisito mínimo que le exigimos a los demás y a nuestro entorno para poder estar tranquilos. Si no existe nos sentimos agobiados y nos ponemos a la defensiva.

Fluidez quiere decir flexibilidad, posibilidad de fluir. Es una de las características del agua que encuentra su camino sin resistir ni contraer. El agua busca los lugares bajos que nadie quiere, es un elemento humilde y sencillo que acepta y adapta al recipiente que la contiene, que modifica su camino con suavidad si encuentra una dificultad a su paso. Implica también capacidad de movimiento sin resistencia ni esfuerzo añadido.

La ausencia de juicio abre muchas posibilidades al permitir y aceptar lo que hay sin necesitar aplicar una etiqueta, valoración o idea.

Ceder también nos devuelve a la naturaleza, que nos enseña a zarandearnos y movernos frente a lo que es más fuerte que nosotros.

El vacío mágico

Treinta radios se unen en el centro;

Gracias al agujero podemos usar la rueda.

El barro se modela en forma de vasija;

Gracias al hueco puede usarse la copa.

Se levantan muros en toda la tierra;

Gracias a la puertas se puede usar la casa.

Así pues, la riqueza proviene de lo que existe,

Pero lo valioso proviene de lo que no existe.

Lao Tse.

Sin el vacío nada podría ser, por eso hay mucha magia en el vacío. Es bueno que contemples los objetos pero trata también de prestar atención a lo vacío. También en ti. Es más sencillo ver tus cualidades, lo que se manifiesta, pero en la invisibilidad de lo no manifestado, en esa enorme vacuidad, hay una belleza silenciosa que sostiene universos.

La gente se afana por conseguir riqueza, objetos, bienes. Unos luchan por ganar fama, otros poder. No encontrarás a nadie que anuncie que su tesoro es el vacío pero si miras al cielo por la noche te darás cuenta de su magnificencia.

No hay que hacer nada para encontrarlo, te visita unas veinte veces por minuto cuando al espirar vacías tus pulmones. En ese instante de silencio y máximo vacío nace la posibilidad de volver a llenarte de oxígeno y de vida.

Rescatar el valor del vacío es fundamental en situaciones de empacho físico, psicológico o emocional. Soltar las preocupaciones, deseos, miedos y ansiedades. Dejar que todo marche y quedarnos sin nada el tiempo preciso para encontrar esa paz que tal vez nos haya abandonado.

Si contactas con frecuencia con tu propio vacío tendrás disponible una fuente de magia y salud de gran poder. Aprende de tu cuerpo que se vacía de lo que no precisa para hacer tú lo mismo.

Vuelo, alfombras voladoras y perspectiva

Si subes a una altura tendrás perspectiva, no es necesario salir volando. La perspectiva te permite ver lo que antes veías pero con la amplitud que aporta la distancia. Te ayudará a comprender y aceptar. Lo que parecía grande y complicado se convierte en algo pequeño y poco amenazante si uno se aleja lo suficiente como para verlo mejor.

Dar un paseo y subir a una montaña es una excelente actividad para tomar perspectiva de una forma fácil y asequible. Podemos convertir el camino en una meditación caminada y al terminar en la cima sentarnos un momento a disfrutar del horizonte. Esa nueva visión recuerda que es posible ver nuestros asuntos de otra forma.

Las escobas y alfombras voladoras también permiten tomar altura y mejorar tu perspectiva de las cosas. Una pequeña alfombra o esterilla suele bastar. No tendrás que hacer nada raro, tan solo hacerte presente y generar un estado de atención plena. Luego podrás visualizar que subes a una altura o vuelas alto. Durante el sueño es frecuente que volemos, también lo podemos hacer en nuestros tiempos de meditación. Todo límite mental es cambiable, la imagen del vuelo nos facilita comprenderlo.

Otra posibilidad es sentarse cómodamente sobre una gran roca o promontorio en un lugar tranquilo y adecuado. En la naturaleza podrás encontrar muchos lugares que cumplan estos requisitos. Sentarte a meditar y experimentar que la pesadez de la roca puede ser elevada con la fuerza de tu visión interior te ayudará a relativizar las cosas. He cabalgado rocas de miles de toneladas elevándome con ellas hasta alturas enormes. Cualquiera puede hacerlo con un poco de práctica. Este ejercicio ayuda a superar obstáculos o aceptar circunstancias de apariencia amenazadora o que nos resulten importantes. Si te animas a probarlo verás que sin tener que subirte al tejado de un campanario podrás experimentar intensas sensaciones.

Los siete doctores

Nos puede ayudar consultar con los siete doctores en momentos de enfermedad o dificultad. Los médicos más poderosos del mundo están más cerca de ti de lo que crees. Disponibles las veinticuatro horas del día. No los encontrarás mejores. Tan solo tienes que recordar que su medicina es imbatible, gratuita y fácil de conseguir. Te proporcionarán remedio tanto a ti como a aquellos que quieres.

No los alejes de la vida, más bien hazte amigo de ellos y consulta siempre que la inquietud te alcance. Su opinión te servirá de ayuda.

1.	Dieta,

2.	Movimiento y reposo

3.	Comunicación y silencio

4.	Alegría,

5.	Amor,

6.   Creatividad,

7.   Conciencia.

La doctora Dieta nos recuerda que los alimentos siempre han sido la mejor medicina. Que mejorar lo que comemos es una estupenda manera de cuidarnos. Que los excesos y faltas de atención con la alimentación nos suelen salir caros. Alimentarse de productos frescos, priorizar los de origen vegetal, tomar conciencia y disfrutar del momento de comer son sugerencias que aportan salud.

El doctor Movimiento nos explica que hay que levantarse más de la silla. Nuestro cuerpo está hecho para moverse y desplazarse. Somos delicados mecanismos calibrados para correr y caminar, jugar y hacer deporte. Sin movimiento nos deterioramos y los huesos y articulaciones terminan molestando. Su hermano gemelo el doctor Reposo invita a cuidar el descanso tanto del cuerpo como de la mente. Ser cuidadoso con la forma en que nos relajamos y dormimos es básico para poder retomar fuerza y energía para nuestras labores.

El doctor Comunicación habla por los codos. Nos anima a contar lo que pensamos y sentimos. Dice que escribir es realmente necesario como también pintar o cocinar viandas. Cualquier forma de comunicación alivia el alma. Desahogarse con la palabra es buena medicina, aprender a hacerlo con silencios también. Por eso gusta de venir acompañado de su gemelo el doctor Silencio que es muy bueno escuchando. Anima a buscar momentos tranquilos para alejar la perniciosa contaminación del ruido de fondo que tanto daño hace.

La doctora Alegría siempre está sonriendo e invitándonos a hacerlo. Es muy agradecida y llena de frescura aquellos lugares que frecuenta. Invitarla a nuestra vida es una buena apuesta dado que es altamente contagiosa y hace que penas y preocupaciones se retiren.

El doctor Amor siempre ha suscitado pasiones. Cuando está ausente la vida se nos desinfla un poco. Nos anima a expresar lo que verdaderamente sentimos y a cultivar aquellas relaciones y actividades que más no enamoran.

La doctora Creatividad trata permanentemente de encontrar nuevos caminos. Gusta de hacer las cosas con ingenio y de realizar nuevas combinaciones para no repetir patrones conocidos. Es muy buena medicina para mantenernos ilusionados y cultivar el asombro.

La doctora Conciencia gusta de prestar atención al momento presente. De esa forma desecha quedarse pegada a los recuerdos del pasado y ser absorbida por la incertidumbre del futuro. Nos ayuda a sentir con más intensidad lo que la vida nos presenta y a caminar con más serenidad cuando nos aprieta la tormenta. Cuando somos muy conscientes es más sencillo aceptar lo que el presente nos enseña. No podemos alejarla mucho de nosotros sin terminar dormidos.

Los siete doctores son en realidad nueve, pero si bien lo piensas hay muchos más que sólo tú conoces. Invítalos a tomar un té contigo y acudirán contentos para que tú también lo estés.

Como ves hay alternativas al exceso de productos, medicamentos y servicios de salud que inunda nuestro mundo. Siempre que puedas habla con el doctor Sentido común, su palabra es digna de escucharse. Luego ve y decide con prudencia.

Tras llenar tus estanterías con las herramientas descritas estás en buena posición para entrar en el palacio de la alquimia. Yo tardé mucho en estar preparado. Es verdad que durante años mi trabajo de ayudante me familiarizó con las formas y procedimientos de un investigador. También lo es que tuve que estudiar mucho y leer bastante para entender los conceptos más básicos. Fue necesario para no tomar caminos incorrectos o caer en las funestas trampas que nos tienden los malos deseos.

Porque caídas hubo incontables, algunas memorables. Conocí el calabozo en tres ocasiones por cometer el mismo error: vanagloriarme. De la primera, al hacer magia en el mercado de toneles, me salvó mi maestro. De la segunda mi mentor Bertrand tras hacer un hechizo delante de unas damas de palacio. De la tercera, tras ser sorprendido en un duelo de magos, tuve que escapar de las mazmorras de Granada con la ayuda de amigos.

Eso tal vez explique por qué no quise publicar este libro cuando me pudo hacer famoso y llenarme de oro. Aprendí que es mejor una libertad humilde y escondida que el mejor de los palacios, si éste te priva de la posibilidad de andar por donde quieras.

Todos estos materiales mágicos te serán de mucha ayuda en tu vida diaria. Lo tienes un poco más fácil para regresar a tu momento presente y a la vida real. También te serán muy útiles si quieres empezar a practicar alquimia interior. Este antiguo arte hará que puedas cambiar, transformar, mutar y transmutar sensaciones, ideas y sentimientos. Hablaremos de ello en el siguiente capítulo.

CAPÍTULO 6. ALQUÍMIA INTERIOR

Mis años más felices los pasé en la abadía de Poissy una vez recorridos los caminos de la juventud y la adultez. Fue allí donde me retiré tras los largos viajes que coronaron mi juventud y en los que descubrí que el mundo realmente no tiene límites. Yo no los encontré. Eso me hizo pensar que tal vez el ser humano tampoco los tenga y sea tal vez como una gran pompa de jabón por la que caminaríamos sin cesar dado que una esfera no dispone de fin.

De aprendiz en casa de mi maestro pude aprender las artes de la alquimia que fui depurando poco a poco entendiendo que hay cosas más importantes para transformar que los metales. De hecho, lo más duro que existe no es el acero de la espada sino el corazón de algunos hombres. A poco que te conozcas a ti mismo lo sabrás.

Fue más adelante, a medida que tuve la opción de conocer diversas bibliotecas, cuando me di cuenta de la importancia de investigar y profundizar este arte de transformación. La naturaleza nos ofrece excelentes ejemplos pero fueron los testimonios que leí de muchos buscadores los que terminaron fraguando una sencilla idea: todos los seres humanos venimos a este mundo con la posibilidad de despertar y humanizarnos. Todos somos de alguna manera salumagos y alquimistas.

Los breves apuntes de alquimia que desarrollaré a continuación son el destilado de toda una vida. Fueron muchos los experimentos y obras que tuve que realizar y escribir pero con lo que leerás a continuación te será suficiente para transformar lo duro en blando, lo oscuro en luminoso y lo aparentemente innoble en el producto más sublime. La alquimia es el noble arte de imitar la naturaleza en su enorme poder transformador.

Alquimia elemental

La alquimia es el arte de transformar lo oscuro en luz, lo muerto en vivo, para recordar qué es lo más importante.

El mantenimiento de la salud precisa de muchos procesos alquímicos, la mayoría invisibles. No tienes que hacer nada para mantenerte sano. Tu biblioteca interior dispone del conocimiento para hacerlo. Suele bastar con no interferir demasiado.

Los grandes salumagos son excelentes alquimistas. Son capaces de convertir la pesadez y negritud del plomo en el fulgor luminoso del oro, las penas más negras en sonoras carcajadas. Han descubierto el elixir de la eterna juventud que reposa permanentemente a nuestro alcance y nos permite volver a ser seres jóvenes y despiertos que disfrutan de su momento presente.

Lo inerte y lo muerto es oscuro.

Cualquier situación u objeto oscuro es susceptible de ser iluminado.

La luz caracteriza la vida y los seres vivos. Todo ser vivo emite luz.

La salumagia entiende que la alquimia es fundamental para todos los seres humanos. Ayudar a que los necesarios cambios sucedan va en la dirección de la salud.

Los antiguos egipcios se dieron cuenta de que la luz era el origen de la vida. Trataron de explicarlo con sus templos y pirámides. En los templos se honraba la luz en la forma de dioses. En las pirámides se concentraba la luz para transformar lo muerto en nueva vida.

La alquimia proviene de Egipto, aunque existe en otras muchas tradiciones. Mediante la observación de la naturaleza y el universo se trata de aprender a cambiar, mutar, transmutar y fluir. La regla básica de la naturaleza es el cambio.

El mejor ejemplo alquímico que existe es el agua. Basta observarla en cualquiera de sus manifestaciones para aprender los fundamentos de la alquimia.

La bondad suprema es como el agua.

La bondad del agua es beneficiar a los seres sin rivalizar,

Morando en lugares que las muchedumbres desprecian;

Así se aproxima al curso.

En la estancia, le agrada el suelo;

En la mente, la profundidad,

En el trato con el prójimo, la humanidad,

En la palabra, la fidelidad,

En el gobierno, el orden,

En el servicio, la capacidad,

En los actos, la oportunidad.

Pues no rivalizando

Se evita el desmán.

Lao Tse.

Contemplar el agua es todo un tratado de salumagia. Puedes pasarte horas mirando el mar y no te cansarás. Nos enseña la profundidad del movimiento, la belleza de lo dúctil, la fuerza de lo que cede. Nos muestra cómo funciona la naturaleza y nos recuerda el modo adecuado de fluir en la vida. De alguna manera, los humanos estamos formados por tres cuartas partes de agua.

Alquimia conductual

Nuestra conducta es con frecuencia automática y reactiva. Vivimos en modo de piloto automático y en consecuencia los actos que ejecutamos suelen ser automatismos. Puedes comprobarlo escribiendo en un papel lo que has hecho desde que te levantaste. ¿Cuántos actos han sido totalmente conscientes? ¿Dónde estabas cuando esa conducta estaba ocurriendo?

La conducta humana es muy compleja, pero podríamos resumirla de esta forma:

Estímulo

Interpretación automática

Reacción automática

Si estamos atentos al momento presente podremos darnos cuenta de la interpretación que hacemos al recibir el estímulo. También podremos ver la reacción automática que este estímulo ha producido en el pasado. Eso nos permite modular la respuesta, hacer una elección. Respondemos de forma consciente y no automática. Conseguimos convertir nuestra conducta en algo elegido.

Estímulo

Atención plena (Interpretación -> Reacción)

Respuesta consciente

Esta alquimia diferencia a los hombres libres de los que no lo son. A los que eligen sus conductas de los que no las eligen. Mientras más respuestas conscientes emitamos más opciones tendremos de mejorar el mundo.

Algo tan aparentemente sencillo requiere de verdadera magia. No es tan fácil como parece, sobre todo en situaciones y ante estímulos que nos producen emociones intensas. Si sientes que alguien se dirige a ti de un modo incorrecto o agresivo tenderás a reaccionar con tu programa de defensa o ataque habitual. Si te das cuenta y aportas luz serás capaz de ver opciones de respuesta y elegir. Esa elección nos hace más humanos, nos ayuda a crecer como personas y evita que el mundo se convierta en una guerra permanente.

Alquimia en tu cocina

Las mejores clases de alquimia las puedes hacer en tu propia cocina. El fuego y el calor te ayudarán a transformar diversos ingredientes. Del caos inicial conseguirás crear sabroso orden que compartir con otros. Hace falta mucho arte para poder ser un buen alquimista en la cocina. Y mucha atención. Si consigues estar atento a la hora de cocinar tendrás la oportunidad de que tus guisos sean capaces de alimentar algo más que el cuerpo de quien los disfrute.

La alimentación humana es una de las más poderosas medicinas que existen. Los alimentos pueden dañar o sanar, darnos fuerza o quitárnosla. Somos lo que comemos, si comemos arte nos convertimos en artistas. Si comemos sueño nos convertimos en durmientes.

Un bollo o una salchicha no le hacen el mismo efecto al cuerpo que una manzana o un guiso de la abuela. Los alimentos nos acarician o nos golpean, nos sanan o nos enferman. Mejorar nuestra relación con ellos requiere atención. Llevarse bien con la comida es una habilidad salumágica que mucha gente ha olvidado pese a ser muy sencilla.

Alquimia emocional

Es posible transmutar sensaciones, ideas y emociones. Basta con contemplarlas lo suficiente para observar su cambio. Fluyen espontáneamente. Ninguna sensación, idea o emoción tiene poder para permanecer igual eternamente. Todo cambia. También es cierto que el cambio no se puede forzar. Por mucha intensidad que pongamos al contemplar una emoción difícil, ésta no desaparecerá al instante.

La alquimia de las emociones es muy valiosa. Los alquimistas ponían a cocer sus fórmulas muchas horas en calderos especiales para dejar que el fuego fuese produciendo cambios. Tú puedes hacer los mismo en el caldero de tu atención. Cualquier emoción que se contemple el suficiente tiempo termina mutando. En lugar de escapar o esconder tus emociones incómodas puedes elegir transmutarlas con el poder de tu atención.

El ser humano es una casa de huéspedes.
Cada mañana un nuevo recién llegado.
Una alegría, una tristeza, una maldad
Cierta conciencia momentánea llega
Como un visitante inesperado.
¡Dales la bienvenida y recíbelos a todos!
Incluso si fueran una muchedumbre de lamentos,
Que vacían tu casa con violencia
Aún así, trata a cada huésped con honor
Puede estar creándote el espacio
Para un nuevo deleite
Al pensamiento oscuro, a la vergüenza, a la malicia,
Recíbelos en la puerta riendo
E invítalos a entrar
Sé agradecido con quien quiera que venga
Porque cada uno ha sido enviado
Como un guía del más allá.

Rumi

Es igual de fácil favorecer el cambio que entorpecerlo. Todos tenemos capacidades para hacer ambas cosas. Mientras menos conciencia apliquemos menos cambio generaremos.

Una causa frecuente de sufrimiento es querer aferrarse con exageración a una sensación, idea o emoción.

Un deseo intenso de mantener sensaciones agradables puede favorecer el desarrollo de una adicción. La persona no consigue dejar de pulsar el botón que le produce el placer deseado. Podemos desear exageradamente distintas cosas (alcohol, drogas, apuestas, sexo…), pero el mecanismo es el mismo.

Querer aferrarse a una idea produce sufrimiento cuando nos damos cuenta de sus límites o su falta de adecuación a nuestra vida. Identificarnos mucho con una idea nos puede obligar a realizar actos que en verdad no deseamos hacer.

Los sentimientos agradables son un tesoro que nos gusta retener todo lo posible. Pero cumplido su ciclo terminan marchando. Tratar de retenerlos o generarlos de forma artificial puede llevarnos a hacer cosas incorrectas o que no nos hagan bien.

La alquimia interior nos ayuda a tratar nuestras

sensaciones, ideas y emociones como un jardinero diligente su huerto. Atendiendo cada unidad con respeto y con mimo para pasar a la siguiente. Todo debe atenderse, tanto las plantas buenas como las malas hierbas: unas serán regadas y abonadas, las otras retiradas.

Las malas hierbas interiores han de ser tratadas con respeto, no dejan de ser productos que emergen de nosotros mismos. Retirarlas de la tierra fértil y dejarlas secar a un lado es sencillo y se puede hacer sin violencia. No hace falta quemar todo el jardín para destruirlas, eso no servirá de nada. Volverán a salir con más fuerza.

Para transmutar una emoción difícil hay que aplicar el fuego y la luz de la conciencia. Las emociones difíciles precisan mucha atención. Es precisamente lo contrario que hacemos con ellas. Solemos meterlas en armarios y cajones para dejarlas bien encerradas. Solemos salir corriendo pretendiendo escapar de ellas. Por desgracia, no es posible mantener mucho tiempo encerrada una fuerte emoción. Tampoco escapar de tu sombra, por mucho que corras.

Meter una emoción en un cajón no suele ser buena idea. Eso termina haciéndola más fuerte y le da más voz y energía. Cuando vuelve a aparecer en la conciencia será mucho mayor y más difícil de manejar.

Cualquier emoción, por fuerte y grande que sea, es susceptible de calmarse si la atendemos con plena conciencia. Al igual que el llanto más potente suele amainar cuando el bebé es tomado en brazos y acunado.

Transformar una emoción enorme como un dragón en un tranquilo bebé que duerme es pura alquimia. Necesitarás practicar con emociones pequeñas pero irás viendo que la dificultad es la misma con las grandes. Tan solo has de aprender el poder de estar consciente.

Si recordáramos la importancia de la alquimia en nuestra vida no necesitaríamos tantos psicólogos y terapeutas. Éstos nos son fundamentales para ayudarnos a recordar pero cuando recuerdes que tú mismo puedes encender la luz que te alivie de tus sombras no necesitarás más ayuda.

Con la suficiente maestría en alquimia tampoco serían necesarios tantas pastillas y tantos médicos. Solemos pedir ayuda cuando ya no podemos más, pero muchas veces los demás no pueden acceder a la causa de nuestros problemas cuando está dentro de nosotros.

El crisol alquímico

¿Quieres cambiar?

Prende de luz el crisol

De tu corazón.

Un crisol es un vaso de material refractario (muy resistente a la temperatura) que se usa para fundir metales. En tu vida te encontrarás con situaciones duras y oscuras que serán difíciles de transformar. Para fundirlas y ablandarlas habrás de aportar mucha energía, mucha temperatura. Eso lo hará tu atención plena.

Tu crisol se encuentra en esa situación de silencio, calma y tranquilidad ambiente que te permite entrar en ti y contemplar con plena conciencia la sensación, idea o emoción que te está sobrepasando o preocupando.

Avanzamos siete crisoles diferentes que te ayudarán. Cada uno permite afrontar de forma diferentes tus retos para transformarlos de una manera adecuada. Son la música, la creatividad, la expresión artística, la expresión verbal, el silencio, la meditación y la perspectiva.

La música es mágica por naturaleza. Su sola presencia contacta directamente con nuestra parte emocional, relajándola o excitándola. Los antiguos músicos lo sabían alternando movimientos lentos con otros rápidos. Cuando escuchas música con atención notas su efecto inmediato. Escucharla en directo es un placer que te llenará de toda su energía.

La creatividad es una potente herramienta de sublimación, es decir, capaz de transformar los impulsos instintivos en expresiones artísticas o reflexivas. Con ella podrás hacer frente a poderosas tormentas emocionales, a torbellinos de ideas y a preocupaciones de tamaño gigante. Con creatividad se puede transformar una gran pérdida en un poema, una discapacidad en una sinfonía o un terrible enfado en un dibujo.

Si detectas el fuerte viento de una emoción atrévete a navegar desplegando las velas de tu creatividad. Las fuertes emociones, las ideas en llamas, concentran enormes cantidades de energía que podrás transformar en arte y movimiento.

La expresión artística tiene muchas posibilidades y viene de la mano de la creatividad. Puedes ayudarte del dibujo, pintura, escultura, modelado, baile, canto, deporte, expresión corporal, canto…

Encontrarás muchos ejemplos de artistas famosos que se salvaron de perecer en medio de circunstancias externas adversas o en enormes tormentas interiores. El arte que nos han dejado es su testimonio de que la alquimia de la que hablamos es totalmente efectiva.

La expresión verbal puede ser oral o escrita. Podemos usarla de forma distraída mientras hacemos un cotilleo o una crítica o convertir una conversación en una obra de arte. Al escribir es fácil ser superficial pero existe la posibilidad de redactar con atención mensajes realmente bien formulados que sean liberadores para su autor y transformadores para quien los recibe.

El silencio es una expresión muda que sin decir nada audible puede emitir poderosos mensajes y decir mucho a otras personas. Un silencio consciente es un crisol que nos puede permitir transformar cuestiones complicadas. Implica sobre todo silencio interior, permite que la mente calle y deje de hablar. Se ayuda del silencio exterior, de la ausencia de ruido de fondo.

La meditación puede contemplar cualquier cuestión, es por lo tanto un crisol resistente y confiable. Si tienes facilidad para ello serás un alquimista de primer orden. Hay meditación contemplativa que se centra en enfocar la atención en el presente tomando un estímulo único como la respiración, la visualización, observar un objeto o repetir una palabra o frase. También se puede contemplar el propio silencio o un problema concreto.

La oración es un tipo de meditación que hacen los creyentes en Dios para contemplar algún aspecto del mismo, de lo creado o para comunicarse con él.

La perspectiva es un crisol de altura, ofrece visión cambiando el punto de vista de quien contempla. Las situaciones duras o complejas nos dejan sin perspectiva, dado que tendemos a aproximarnos mucho al problema y éste termina superando nuestra capacidad. Al no encontrar solución le damos más vueltas lo que nos termina poniendo nerviosos.

Alejarse o elevarse para conseguir distancia y ver mejor lo que enfrentamos es otro crisol que ayudará a fundir el oscuro metal de la dificultad.

La piedra filosofal

El objetivo de la alquimia es encontrar la piedra filosofal, la sustancia que transforma los metales en oro y otorga eterna juventud. En definitiva, lo que nos permite dejar atrás la pobreza, el mal y la muerte.

Dada la visión materialista habitual de las personas, los relatos y textos antiguos nos hablan de alquimistas y buscadores que trataron de hacer experimentos y peligrosas búsquedas para conseguir este digno objetivo. La gran mayoría se perdieron. Solo unos pocos llegaron a comprender que esos viejos relatos no hablaban de metales, laboratorios ni calderos. La verdadera vida y la verdadera riqueza no está en lo material.

La vida biológica es un tesoro pero encierra otro mucho mayor que es la luz de la conciencia. Esta luz ilumina y permite crear belleza, bondad y entendimiento. Este verdadero tesoro podríamos llamarlo vida plena, un estado de plenitud que aporta una calidad y una profundidad mayor que el mero existir cotidiano.

"El reino de los cielos es semejante a un tesoro escondido en un campo, el cual un hombre halla, y lo esconde de nuevo; y gozoso por ello va y vende todo lo que tiene, y compra aquel campo". Evangelio de Mateo 13; 44

Muchos situaron esa vida plena en el más allá o en el cielo. En el territorio que hay después de la vida biológica, que obliga a atravesar la puerta de la muerte para llegar a él.

¿Qué ocurriría si descubrimos la piedra filosofal que da acceso a la vida plena? ¿Qué ocurriría si descubrimos que el tiempo no es más que un río de pura vida que no cesa?

La vida plena está delante de ti en este momento, al alcance de tu mano. En infinitos universos que se despliegan en este sencillo instante en el que tomas conciencia de tu vida. Todos los seres están aquí. Todos los mundos. Todas las posibilidades. Por eso necesitas tanto de la magia. Solo si vuelves a ser niño entenderás el juego. "En verdad os digo que si no os convertís y os hacéis como niños, no entraréis en el reino de los cielos". Mateo 18; 3

No es verdad que Adán y Eva abandonaron definitivamente el Edén. Tú tampoco lo hiciste, estás en él pero lo has olvidado. Es ese olvido la perdición del ser humano, su pecado, su error. La salvación consiste en recordarlo y así poder volver a tu hogar del que en realidad nunca saliste.

La piedra filosofal permite recordar, por eso permite acceder a la vida plena y a la prosperidad. Hay mucha belleza en regresar, en volver a vestir la gloria de tu nombre, en ser de nuevo tú tras una eternidad vagando por los mares.

Eres el tiempo

Entre nacer y morir

Entre las brisas.

Un amigo que hice en las largas horas de camino en una caravana de camellos me reveló un precioso secreto. El verdadero tesoro que busca cada cual se esconde siempre cerca de su propio corazón. Este jeque acostumbrado a la soledad y al silencio del desierto encontró su llave mágica contemplando la belleza del cielo estrellado. De alguna manera comprendió que todo se esconde en el momento presente y que la vida humana es una sucesión de incontables momentos que se suceden uno detrás de otro.

Como buen guerrero participó en incontables batallas, siendo temido y respetado. Le perdía su impulsividad y eso le hizo cometer errores y hacer más daño del debidamente necesario. Se refugió en la soledad de las dunas para tratar de comprender. Cuando nos encontramos ya lo sabía, sus ojos expresaban una profunda paz interna.

Una de las noches antes de llegar a nuestro destino en Isfahán me reveló lo que escondía la última puerta de su corazón. Sorprendentemente estaba vacío, me dijo que no había nada dentro. Pero era una nada serena y deslumbrante pese a estar en total oscuridad. Mi amigo entendió que es en la máxima negrura, en su propia muerte, donde se escondía el sentido de su vida. Eso me animó a escribir el siguiente capítulo que es quizá el que condensa los demás.

La práctica de la alquimia te convertirá en un gran salumago, favorecer el cambio a imitación del agua es siempre liberador. Con todos estos conocimientos será más sencillo aceptar tu luz y estudiar el lado oscuro, aquella parte de la vida y de nosotros mismos que está en sombras. Toma mi mano y entremos juntos en la siguiente puerta.

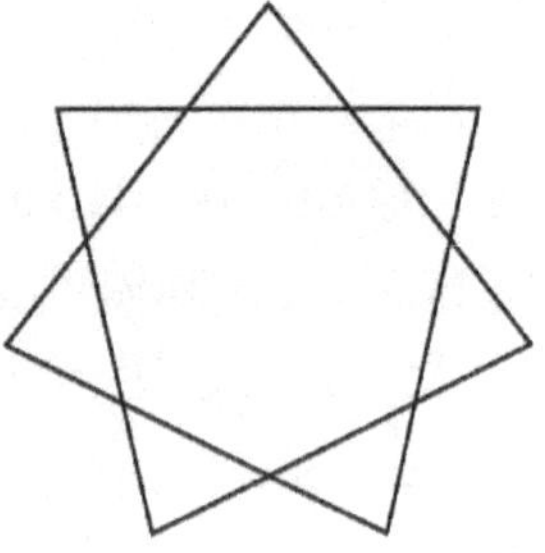

CAPÍTULO 7. EL LADO OSCURO

Detrás de la luz

Encontrarás la sombra

Fresca, oscura.

Tardé mucho tiempo en atreverme a mirar mi lado oscuro. Los cuentos e historias que se contaban en mi pueblo natal me producían ataques de terror. Los sermones en la iglesia y algunas de las imágenes que éstas guardaban tampoco me ayudaban. Fue una de las criadas más mayores de la casa de mi maestro la que me regaló la pista que necesitaba. Una noche de tormenta en la que me encontró tiritando de miedo junto a la lumbre de la cocina me dijo: "Si la oscuridad te asusta, recuerda que tú mismo eres la luz".

A partir de esa noche recordé lo evidente, una pequeña vela transforma la negritud de todo un castillo, una pequeña estrella es capaz de orientar a la tripulación de un barco.

Con la llave mágica que otorga el conocimiento de uno mismo pude acceder a lugares internos sumidos en tinieblas. En ellos encontré el sentido que explica las partes luminosas. Este capítulo explica ese viaje y todo lo que uno puede encontrar cuando siente que es el momento de hacerlo.

Hay mucha magia en el lado oscuro de las cosas, diría que casi tanta como en el lado luminoso. Me encontré con magos que trataron de convertir la luz en oscuridad y se extraviaron de camino. Nigromantes y brujas negras que vendieron su arte a la riqueza, el poder y el placer, los falsos ídolos que mueven el mundo. La mayoría tuvo que reconocer su error al final de sus días, otros nunca lo hicieron. De esos yo siempre me alejé.

Espero que el viaje por tu lado oscuro te reporte la luz y sentido que mereces.

Sobre la sombra y la oscuridad

Todo lo que es alcanzado por la luz tiene su lado oscuro.

La oscuridad es la única posibilidad que tiene la luz para expresarse.

Cuando no hay oscuridad no puede haber forma.

Nuestra oscuridad es el producto de la interacción de la luz con nuestra forma.

Para conocernos a nosotros mismos es fundamental aprender a mirar nuestra sombra.

En el lado oscuro se sitúan las sensaciones, ideas y emociones que manejamos peor. Las sensaciones desagradables y dolorosas, las ideas incómodas, inapropiadas o dudosas, las emociones angustiantes, agresivas, aterradoras… forman tu sombra personal, única y compleja.

Recuerda que tu sombra no es algo separado de ti mismo. Tu sombra eres tú mismo. Merece el mismo trato y el mismo cuidado que tu luz. Sin silencios no es posible la música. Sin sombra no eres posible tú.

Aprender a tratar nuestra sombra con respeto requiere paciencia. Es habitual que cuando somos pequeños no recibamos muchas ayudas para aprender a manejarla. Recibimos castigos, insultos y golpes cuando se expresa y terminamos tratándola así también nosotros.

No es necesario alentar ni alimentar la sombra, tampoco atacarla o golpearla. Tan solo tratarla con respeto y dedicarle la atención que precisa, ni más ni menos.

La sombra nos suele llevar a la inconsciencia, nos hace dormir. La luz por el contrario nos ayuda a despertar y a ver más claro.

Un salumago puede despistarse y ser seducido por el lado oscuro, que le invitará siempre a perder su atención.

La fama, el poder y la riqueza son los señuelos que con más frecuencia pueden despistar a un salumago.

Compararnos y creernos mejor que los demás es causa de dolor. Tratamos de ser mejores para llamar la atención de los demás, pero éstos se retirarán de nosotros cuando se den cuenta del engaño. Todos estamos hechos del mismo barro, no hay barro de distinta calidad.

Cuando alguien quiere valerse de la salumagia para conseguir un beneficio personal, automáticamente la pierde.

La salumagia no permite hacer daño a otros o a uno mismo. La conciencia no puede atacar solo puede alumbrar. Nuestra única libertad es elegir entre estar despiertos o dormidos.

Incluso el mayor salumago puede dejar de serlo y decidir terminar el día como un durmiente, un zombi o una estatua de sal.

Los enemigos de la salumagia

La ignorancia
Junto a prisa y ruido
Son la muerte.

Los enemigos de la salumagia son tres: la prisa, el ruido y la ignorancia. Se resumen en uno solo, la inconsciencia.

Todo lo que nos haga permanecer en modo automático nos aleja de nosotros mismos.

El deseo desenfrenado que aumenta la prisa, el ruido y la ignorancia nos mantiene en una rueda infinita. Solo la toma profunda de conciencia nos permite alumbrar la situación y decidir otro camino.

Una persona inconsciente no puede saber quién es.

Una persona inconsciente no puede llegar a ningún sitio.

Una persona inconsciente no puede estar despierta ni despertar a los demás.

La inconsciencia es necesaria, igual que la sombra, para que exista luz. Nuestra perdición es olvidarnos del ritmo natural que hace alternar el día con la noche.

Hay sustancias, situaciones, personas y circunstancias que adormecen, con ellas es fundamental medir y pesar la dosis correcta que podemos permitirnos para evitar caer en un sueño profundo.

Hay muchas trampas disfrazadas de paraísos artificiales que prometen el cielo y terminan robándonos la atención. Una persona dormida es siempre más dócil y fácil de engañar y manipular.

Los pozos de sombra

"El hombre puede conservar un vestigio de la libertad espiritual, de independencia mental, incluso en las terribles circunstancias de tensión psíquica y física." Victor Frankl

En la vida hay momentos en los que caemos en pozos de sombra donde no parece haber ninguna luz. Todos caemos en ellos en alguna ocasión.

Son las situaciones en las que menos desearíamos estar y que más miedo y rechazo nos producen.

Suelen estar habitados por grandes emociones que no sabemos manejar. Tristezas enormes que nos inmovilizan y hacen llorar. Iras desatadas que sacan lo peor de nosotros. Angustias y ansiedades que nos agobian y nos hacen sentir ahogo y temblor.

Cuando una ola nos hace perder el equilibrio en la orilla del mar y nos revuelca debajo del agua, durante un instante sentimos el pozo de sombra. Un tiempo en el que no hacemos pie, hemos perdido la orientación, damos vueltas sin control y sentimos el peligro de estar bajo las aguas y poder ahogarnos. Todo termina cuando sacamos la cabeza a la superficie y volvemos a apoyar los pies en el suelo. Hay ocasiones en la vida en las que esta sensación puede durar días o semanas.

Desde fuera del pozo de sombra es muy fácil ver la salida, no desde dentro. Por eso no suelen ayudar los consejos y buenas intenciones de los demás. Ayuda su cercanía y su presencia silenciosa.

Cuando la vida nos propone una situación difícil podemos sentir emociones incómodas. Una vez superada la situación comprendemos que era necesaria para superarnos y crecer. Aprendemos a manejar mejor la sombra y a sufrir menos en la siguiente prueba. También aprendemos cómo ayudar mejor a los demás.

Las criaturas oscuras

Nuestra mente contiene todo tipo de criaturas y personajes oscuros: vampiros, orcos, nigromantes, brujas negras, gigantes, enanos, monstruos, detentores, sombras densas, nieblas terribles, fantasmas… Los cuentos y relatos están poblados de ellas porque habitan las mentes de todos los autores.

Cuando te alcancen es bueno recordar que son tus criaturas, te pertenecen solo a ti. No tienen poder para hacerte daño pese a que a veces creas lo contrario. Ningún contenido de tu imaginación puede hacer daño salvo si le das permiso para hacerlo.

Los contenidos oscuros de la conciencia llenan los relatos al igual que tu noche y tu inconsciente. Forman parte del ser humano desde el principio de los tiempos.

El sueño de la razón produce monstruos.

Ninguna sombra resiste la luz.

Por muy grandes que parezcan ser, por muy tenebrosas o terribles, toda sombra se diluye al instante al ser iluminada. Si están a nuestra espalda parecen enormes y poderosas. Si nos damos la vuelta y las iluminamos con nuestra atención veremos que son pequeñas formas que terminan diluyéndose.

Si tú llenas de atención tu presente, éste se hace luminoso, ninguna sombra podrá dominarlo.

En tu luz estás completamente a salvo de las sombras. Nada puede dañarte. Incluso cuando la situación pueda amenazar tu vida, estás a salvo. Mientras estés vivo, tu vida te pertenece solo a ti.

Conocí varios magos que buscaron valerse de criaturas oscuras para emplearlas contra otros en su beneficio. Lo único que consiguieron es mover el agua negra de su propio pozo de suciedad y elevar vapores de olor desagradable. Algunos se perdieron y otros agriaron su carácter tiznando de carbón su propia alma. Lo que deseas para los demás es lo que terminas obteniendo.

Los muertos vivientes

Los zombies existen. No tienen un aspecto terrible ni sentirás miedo al encontrarlos. Los puedes ver andando por la calle a poco que te fijes. Son personas que avanzan como ausentes, con la cara seria, como ida, nunca sonríen. Viven en un infierno interior del que tratan de huir disminuyendo su conciencia en un intento de no darse cuenta de la situación que tienen delante. Es un estado de muerte en vida.

Cuando alguien abraza situaciones de infierno, una estrategia para sufrir menos es prestar menos atención a su problema, huir de él. Sin embargo esto suele agravar las cosas porque hace que la sombra del problema crezca y al haber menos luz es más fácil tropezar, caer y chocar con los demás.

La situación sería semejante a la de un barco que atraviesa una zona de fuerte marejada. Si el piloto se tapa la cara con las manos, se echa a dormir y delega en el grumete la cosa se puede complicar.

Ante los muertos vivientes hay dos actitudes comunes: correr y escapar o enfrentarlos y atacarlos. Dado que su presencia es tóxica y contaminante pueden contagiar su negrura y su sombra. Alguna vez nos hemos dado cuenta de esto en presencia de determinadas personas. Existe una tercera forma de relacionarse con ellos y es usando salumagia: estando plenamente atentos en su presencia. En el ejemplo del barco que atraviesa la tormenta, el piloto tomaría los mandos con total atención, pidiendo incluso ayuda a la tripulación para incrementar su pericia.

Cuando estamos muy atentos hacemos que surja de dentro una luz que nos permite en primer lugar darnos cuenta de lo que sentimos y pensamos y, en segundo lugar, de lo que hay debajo de la superficie de la persona que tenemos delante. Empatizamos con el dolor, ignorancia o inconsciencia sin necesidad de escapar ni de atacar.

De la plena atención del dolor ajeno surge la compasión, una propiedad mágica capaz de obrar grandes cambios. Cuando sientes y expresas compasión esta emite una luz que te protege y permite estar en los lugares y con las personas más oscuras. Tu compasión despierta la luz en la otra persona o en la situación que estés contemplando. Al hacerse la luz un sentimiento de alivio y paz aparece inesperadamente, siendo evidente para todos. "Ha pasado un ángel", suele comentar alguien.

El infierno

Dicen los antiguos que Jesús, tras morir en la cruz, bajó a los infiernos antes de subir al cielo. Esta enseñanza parece indicar que a nadie le es posible entrar en el cielo si antes no ha sido capaz de atravesar en paz sus infiernos. Trataremos de definir qué significa esta palabra.

El infierno es un estado mental, un nivel de existencia, una forma de estar. Cada tradición escenifica lo por venir en estados. Unas ven tres: infierno, purgatorio y cielo. Otras diez: infierno, entidades hambrientas, animales, los violentos, seres humanos, seres celestiales, los que escuchan la voz, los que toman conciencia de la causa, los buscadores de iluminación y los iluminados. Hay muchas más aproximaciones.

Esos niveles de existencia de alguna forma están fuera del tiempo, lo que quiere decir que es posible vivirlos en este momento.

De alguna forma los antiguos se daban cuenta de que nuestro estado interior podría variar desde lo más oscuro y tenebroso a lo más iluminado y armónico. También se daban cuenta de que todo ser humano los contiene todos. El infierno es sinónimo de sufrimiento, desesperanza, dolor y oscuridad. El cielo de serenidad, paz, iluminación, conciencia, compasión, alegría.

Hace 700 años el escritor Dante Alighieri escribió la Divina Comedia una de las cumbres de la literatura universal. En sus cien cantos narra el descenso del protagonista al infierno con sus nueve círculos, la subida al purgatorio con sus siete escalones y el ascenso al cielo con sus nueve esferas. El libro es un mapa de lo invisible, un intento de transmitir lo que puede haber detrás del velo que limita lo que vemos.

Estas imágenes se han usado muchas veces para asustar y manipular a la gente. Se hace necesario contemplarlas como lo que son: aproximaciones al misterio de lo que somos.

Dentro de cualquier estado están los demás. En el infierno de una cárcel es posible encontrar esperanza y en el de un campo de concentración sentido.

La muerte

Muchos dicen que la muerte es la mayor sombra que existe, pero ésa no es toda la verdad.

Quiero creer que

La muerte es un cambio

Mi bien amada.

La muerte es un límite tras el que no es posible ver. Nadie sabe lo que hay detrás. Podemos imaginarlo, sentirlo o intuirlo, pero nadie lo sabe a ciencia cierta.

No es posible explicarla. Es un misterio y los misterios, como veíamos antes, no pueden ser desentrañados tan solo contemplados.

Lo que si podemos decir es que no es un final absoluto pese a que ante nuestros sentidos pueda aparentarlo. La naturaleza nos dice de mil formas que todo se transforma. La vida humana existía antes de que nacieras, en el vientre de tu madre. Y antes en las células germinales de tus padres, y antes en la información genética de millones de hombres y mujeres a lo largo de siglos.

Cuando alguien muere la vida humana sigue moviéndose en sus hijos, en las obras hechas, en los que le conocieron, en las siguientes generaciones…

La vida es como una ola en el mar. Surge del mar, se desplaza por su superficie y desaparece en el mar. La ola es el mar, el mar es la ola. Nuestra limitada percepción no llega a entender dónde está la ola cuando ya no es visible. Pero el mar no desaparece de la vista, el mar sigue existiendo y de alguna manera la ola en él también.

La vida no es separable de la muerte. Tampoco la muerte puede ser separada de la vida.

Duro es morir

cuando solo me creo

lo que vemos.

No te preocupes si no lo entiendes del todo. Podemos aproximarnos a entenderlo pero no completamente. Tampoco los sabios ni los grandes hombres y mujeres lo consiguen. Ellos ríen, bailan y cantan cuando hablan de estos temas. Hagamos nosotros lo mismo.

Es posible ayudar a morir a otros y a uno mismo aplicando salumagia. Basta con tomar la mano de la otra persona y estar ahí sin tratar de escapar. Hay una gran fuerza en el gesto de abrazar o coger la mano de quien se siente mal. La salumagia nos recuerda que una enfermedad (incluso la final) acompañada es menos tenebrosa.

Si me acompañas

tu presencia me ayuda

a no estar solo.

En la noche más densa surge el resplandor del alba. Tras las nubes más negras hay siempre un sol resplandeciente. Dicen que en el universo hay mucha materia oscura, dicen que de ella surgen las estrellas.

Hay magia al comprender que nuestro entendimiento no puede abarcar el universo entero. Vemos solo un poquito de luz, pero la mayor parte de las ondas son invisibles. Si lo poco que alcanzamos a ver es increíble, imagina lo que nos queda por sentir.

La resurrección

El ciclo de la vida se basa en el número tres: vida-muerte-vida. La noche más oscura se sigue del amanecer que llena el mundo de luz. La idea de resurrección une la muerte a la vida, igual que la de nacimiento. Todo vuelve a empezar, la vida surge de otra forma.

Este misterio no es posible explicarlo con palabras. La poesía nos ayuda a sugerirlo, pero será el silencio quien definitivamente te lo explique.

Cada vez que regresas al presente resucitas y vuelves a la vida, cada vez que respiras tienes una oportunidad para acordarte.

El lado oscuro termina aquí, en esa hora final de la noche en la que una pequeña luz surge para cambiarlo todo.

Tras toda sombra

Hallarás la pura luz

El mar y el sol.

Tengo la gran fortuna de poder hablar y escribir en varias lenguas lo que me ha permitido abrir infinidad de puertas. Sin embargo no siempre fui buen estudiante. De pequeño me gustaba escapar al campo a jugar solo o con amigos. Mis preceptoras se enfadaban y me obligaban a leer vidas de santos y atender largas catequesis. En esa época yo no quería saber nada de libros, el mundo era demasiado interesante. Afortunadamente me di cuenta de que, bien escogidas, algunas lecturas tenían el poder de abrirme mundos y todo cambió.

Cuando nuestra vida parece torcerse y todo se vuelve oscuro es bueno elevarse sobre las nubes para poder ver el sol, la literatura nos ayuda a lograrlo.

Las palabras escritas tienen magia por su poder de transmitir un mensaje capaz de perdurar. Contienen ideas, sentimientos y propuestas que alguien nos manda a través del tiempo y el espacio. Gracias a la palabra escrita podemos transmitir una medicina que salve la vida de alguien o un código que mejore la vida de muchos al llevarles sentido, inspiración o renovar sus sentimientos.

También podemos transmitir recuerdos, por muy duros que sean, y liberarnos de ellos de esta forma.

Uno de mis recuerdos oscuros me lleva al castillo de Montiel, un recinto frío e inexpugnable de Castilla a cuyos pies se libró una batalla que cambiaría la historia.

Todo fue muy confuso, como suele pasar tras los choques armados. Yo me dispuse en retaguardia junto a las tiendas de mi señor Du Guesclin preparando la enfermería, pero aquella noche no me dejaron salir a auxiliar a los heridos.

Mis órdenes eran permanecer en la tienda y esperar. A media noche aparecieron caballeros montados entre ellos el infante Enrique a quien mi señor le había dado la victoria aquel día. Entraron en la tienda y les serví vino y comida. Poco después vinieron más jinetes. Mi señor abrió las cortinas y dejó pasar al derrotado rey Pedro. Su cara de tensión se transformó en miedo y enfado al ver allí a su hermanastro que en seguida le comenzó a insultar.

El rey no se había llevado nunca bien con Enrique cuyo corazón ardía de deseo de poder, un ansia muy oscura.

Todo ocurrió muy rápido. Los hermanos empezaron a pelear, rodaron, una mesa cayó. Se sucedió un forcejeo en el que intervino brevemente mi señor. Se hizo por fin silencio. El cuerpo sin vida del rey Pedro de Castilla anunciaba el fin de una época. La misión que nos había traído desde Francia acababa de concluir y yo quedaba liberado de la misma.

Muchas páginas de la historia se escriben sin magia ni consciencia, empañadas por la ignorancia y el deseo. Lo que yo acababa de ver me enseñó hasta dónde puede llegar el ser humano cuando su visión está nublada y la oscuridad parece prevalecer. La oscuridad y la muerte no perdonan ni a grandes ni a pequeños, ni a escuderos ni a reyes.

Aquella misma noche pedí un salvoconducto tras despedirme de mi señor y partí a Granada donde mucho después conseguí recuperarme de la herida profunda que acababa de abrirse en mi interior.

Nunca llegamos al fondo de nosotros. Hemos dejado dicho que no tenemos límite, el horizonte se aleja a la par que nos movemos hacia él. Haber recorrido juntos las avenidas principales de la sombra en estas páginas es más reconfortante que hacerlo solo. A fin y al cabo no había allí tantas cosas de las que asustarse aunque es cierto que para poder decir esto es necesario caminar mucho.

Avanzada como está mi vida, dedico el tiempo de estos días a contemplar. Mi cuerpo no se mueve ya con la frescura de los años mozos. Eso ayuda a respirar despacio y a tomar conciencia de las pequeñas cosas. Dar un breve paseo, desayunar tranquilamente al aire libre, escuchar el canto de los pájaros. Según el día y la estación elijo un lugar del jardín para leer. A veces al sol, a veces a la sombra. Por dentro hago lo mismo, la salumagia no es más que el arte de saberse situar en el lugar oportuno, en el momento justo, ahora.

EPÍLOGO

Terminamos este viaje con un ramo de aforismos y poemas para que te quede un aroma de flor y bosque, así como el buen sabor de la belleza y la poesía. La intención al escribir esta obra ha sido ayudarte a regresar a ti mismo, recuperando tu presente. Cada vez que lo consigues, encarnas la magia de la luz de la atención que alumbra el universo. Espero que eso te permita rescatar la alegría y plenitud que son tu herencia natural.

Cuando respiras

El aire que te anima

Llega a todos.

No es habitual estar despierto permanentemente ni ser un salumago las veinticuatro horas del día.

Sí es posible que cada mañana recordemos quiénes somos e intentemos tratarnos un poco mejor para tratar mejor a los demás.

Lo que te hace vibrar y te ilusiona es lo que más te ayudará a afinarte, no olvides nunca esto.

Regala fuego

El que arde en pasión

Y lo transmite.

Cada respiración tiene el poder de traerte al presente, aprovecha las que puedas. Perderás algunas, pero bastan unas pocas para que tu día tenga la suficiente luz y no camines a oscuras.

No pude contar

Tantas respiraciones

Tanta alegría.

Agradece el don de estar vivo y estar despierto. Hay pocas cosas más valiosas que estas.

Canta, baila,

Vida y consciencia

Te han llamado.

Cuando te enfrentes a alguna sombra, enfermedad o dificultad, recuerda que eres mucho más que las apariencias. Tu consciencia genera luz, con ella podrás transformar cualquier oscuridad que encuentres. No hay varita mágica con mayor fuerza.

Noche oscura

Acepta esta llama

De esperanza.

Para estar bien acude siempre que puedas a tu presente, que es tu verdadero hogar. Cuando regresas a casa y tomas conciencia de ello generas una luz en la que podrás descansar y ofrecer descanso a otros. Respira hondo ahora y date cuenta de este instante. Regálate atención cuando te acuerdes, una, dos… incontables veces.

Justo ahora

Se abre el castillo

De tu presente.

Siempre que puedas, echa una mano a los que tropiezan a tu lado en el camino. Son ellos los que te están ayudando a recordar que estás andando.

No dejes de leer,

Camina sonriendo,

No dejes de crear.

Agradece cada paso consciente que das, cada respiración consciente, cada palabra leída con atención, cada gesto de humanidad que hagas estando atento. Agradece todo aquello de lo que te des cuenta, eso te permitirá bailar de gozo y ser feliz.

Regala versos

Canta tu gozo al mundo

Da mil gracias.

Hay un fabuloso mundo mágico ahí fuera, ¡ve y vívelo con toda la intensidad que puedas!

Mil universos

Esperan tu mirada:

Sal, te esperan.

Finalizo este libro a la par que mis días en la calma de la montaña tras los muros del monasterio de San Gallo que me acoge al igual que lo hizo el de Poissy en mi primera infancia. Han sonado las campanas de tercia que llaman a oración. Ya salgo poco de mi celda, tan solo un ratito por la mañana al sol y otro por la noche a la capilla. Mis piernas ya flaquean y también la vista. De hecho tengo que dictar estas palabras a un joven novicio al que he encargado las custodie y confíe a quien yo sé que las puede guardar bien.

El próximo libro que preparo versará de herbología, astronomía, biología, cosmología, farmacología y alquimia, pero a ese le pondremos varios cerrojos que exigirán llaves luminosas.

He sido testigo de guerras, pestes, incendios y catástrofes. He mirado el horror a la cara. Conozco bien las sombras, y de tanto andar a oscuras me hice amigo de la noche. También he viajado a palacios de ensueño, reposado en oasis, visitado templos lejanísimos y aprendido todo tipo de secretos. He conocido el amor y la belleza, la bondad y el esplendor de la luz. Puedo decir que sólo se vive una vez pero es suficiente si se hace bien.

Creo que la vida ha merecido la pena y pese a mis múltiples despistes he llegado a comprender lo importante que es regresar continuamente a casa. Tener en este hogar nuestro centro nos permite edificar cualquier proyecto sobre sólida roca. No hay nada más real que este presente, lo demás es una pequeña brisa en la que a veces imaginamos monstruos.

Voy a dar un pequeño paseo por el claustro, me gusta la luz de este momento. Me despido agradecido, sabiendo que la generosidad de los lectores me seguirá manteniendo vivo muchos siglos. Buen viaje, buena vida.

BIBLIOGRAFÍA MÁGICA

Al estar esta sección destruida en el original, se incluye aquí una pequeña selección del editor a modo de complemento del texto.

Recomendamos once referencias y una lista de recursos por si necesitas más ayuda mientras lees el libro o al terminarlo. Son pistas que te aportarán perspectiva. Si necesitas algunas más recuerda tus lecciones de vuelo. Cuando la vida pierda color y te sientas viejo, oscuro o acabado busca en los libros el brillo de tanta gente que nos enseña que seguimos siendo de colores, niños, luminosos y en construcción. Si no lo encuentras en ellos no desesperes. Siempre podrás salir a pasear y deleitarte con la biblioteca de la naturaleza que nunca pasará de moda.

Solo los niños y los principiantes saben que jugar es lo más importante.

Solo ellos se acuerdan de que hay mucho que aprender. Si no te apetece ahora leer no pasa nada, ya encontrarás el tiempo adecuado. El mundo es todo él una gran biblioteca. Posa tus ojos en la luna o en un árbol, observa el movimiento de una hormiga o el vuelo de una mosca. Todo te ayudará de alguna forma a regresar a ti. Si lo consigues no harán falta más libros.

Bibliografía mágica comentada

1. Joanne K. Rowling. Harry Potter y la piedra filosofal. Salamandra. Madrid 1999.

Harry Potter es el mago más famoso de todos los tiempos. Su historia nos recuerda que con magia se pueden hacer grandes cosas, pero sin ella también. Harry se enfrentará a situaciones muy complicadas, descubrirá sus luces y sus sombras, aprenderá que el mal existe pero también el bien. Podemos decir que Harry es un potente salumago, como también lo es la escritora del libro que consiguió apostar por una idea que ha terminado inspirando a millones de personas.

2.   San Juan de la Cruz. Obras completas. Editorial de Espiritualidad. Madrid 1992.

La poesía es una de las mejores maneras inventadas de acariciar el alma y desvelar misterios. Los poetas místicos son capaces de cantar lo invisible y ayudarnos a ver lo que no se puede ver. San Juan de la Cruz es un maestro especializado en misterios. Sus versos ayudan a ver lo que no se puede ver. Detenerse en su poesía merece la pena por su gran valor tanto estético como espiritual.

3. Paulo Coelho. El alquimista. Ediciones Obelisco. Barcelona 1995.

Este cuento es muy antiguo. Nos recuerda algo evidente que solemos olvidar. Habla de nuestra herencia, de tesoros y aventuras, de peligros y encuentros. El alquimista es un buscador que se pone en camino para llegar a un destino insospechado.

4. Juan Ferraté. Líricos griegos arcaicos. El Acantilado. Barcelona 2000.

Los poetas griegos de hace más de dos mil años ya sabían casi todo de la vida. Recuperar sus cantos es algo imprescindible para entender la vida hoy. Todo se repite. Por eso es tan importante aprender de los antiguos, para no repetir los mismos errores.

5. Lao Zi. Libro del curso y de la virtud. Ediciones Siruela. Madrid 1998.

Lao Zi es un viejo sabio chino. Nos regaló esta pequeña obra llena de sabiduría oriental, donde se habla del camino y de la virtud. Para entender estos poemas es necesario quitarse el calzado de nuestra cultura y dejar los pies desnudos para leer despacio los versos. Será importante caminar con prudencia para no tropezar y dedicarle a cada poesía el tiempo que precise para florecer.

6. Sonatas para viola de gamba y clave de Johann Sebastian Bach.

Las partituras son escritos en lenguaje musical. La buena noticia es que no hace falta saber solfeo para disfrutarlas, basta escuchar a alguien que sepa. La viola de gamba es un instrumento algo pasado de moda pero de sonido hermoso. El clave es un piano primitivo. Johann Sebastian Bach es quizá uno de los más grandes músicos de la historia, cualquier composición suya es una obra maestra. Recomiendo empezar por estas sonatas, por ser un bello punto de partida.

7. Sergio Delmar. Tiempo de sanar. Editorial G. T. México D.F. 2000.

Este libro trata de salud y de magia. Sergio Delmar fue un sacerdote con grandes dotes salumágicas. Sabía tocar el corazón de los demás y aliviarlo. Conocía el poder de la palabra y como gran alquimista era capaz de transmutar los viejos textos en un discurso vivo. Dejó pocas obras escritas, siendo como era un maestro de la transmisión oral y un gran comunicador audiovisual. Sin embargo, su inspiración sigue estando presente. En los meses finales de su vida vivió un tiempo de enfermar, lo que le animó a publicar esta obra mágica que ayudará a muchos a sanar. Incluye dos discos compactos con su voz.

"Responde, Señor,

Desde dentro de mí

Las preguntas de mi cuerpo.

Abre para mí, Señor,

El Camino,

La Verdad y la Vida,

De mi propia vida que ahora enferma.

Descubre para mí los secretos

Que clama mi cuerpo

En este tiempo de enfermar:

Me presento, nos presentamos todos, Señor,

Desde nuestro vacío,

En la esperanza de recibir

El Consuelo de tu Sabiduría..."

8. José Luis Padilla Corral. Alkimia, tradición y milagros. Escuela Neijing. Cuenca 1996.

Es una obra contemporánea de alquimia con la firma de uno de los mayores especialistas en medicina tradicional china del momento. Los conocimientos del doctor Padilla sobre el tema abrirán los ojos de más de uno al dejar claro que oriente y occidente coinciden en lo esencial.

9. Poemas sufíes. Yalal al-Din Rumi. Hiperión. Madrid 1988.

Pocos poetas como Rumi nos han regalado una visión tan fresca de lo que no se ve. De origen persa, se considera uno de los grandes místicos musulmanes de todos los tiempos.

¿Por qué debo buscarlo? Soy el mismo, soy como él.

Su esencia habla a través de mí.

¡Me he estado buscando!

¿Qué puedo hacer, oh creyentes?, pues no me reconozco a mí mismo.

No soy cristiano, ni judío, ni mago, ni musulmán.

No soy del Este, ni del Oeste, ni de la tierra, ni del mar.

No soy de la mina de la Naturaleza, ni de los cielos giratorios.

No soy de la tierra, ni del agua, ni del aire, ni del fuego.

No soy del empíreo, ni del polvo, ni de la existencia, ni de la entidad.

No soy de India, ni de China, ni de Bulgaria, ni de Grecia.

No soy del reino de Irak, ni del país de Jurasán.

No soy de este mundo, ni del próximo, ni del Paraíso, ni del Infierno.

No soy de Adán, ni de Eva, ni del Edén, ni de Rizwán.

Mi lugar es el sinlugar, mi señal es la sinseñal.

No tengo cuerpo ni alma, pues pertenezco al alma del Amado.

He desechado la dualidad, he visto que los dos mundos son uno;

Uno busco, Uno conozco, Uno veo, Uno llamo.

Estoy embriagado con la copa del Amor, los dos mundos han desaparecido de mi vida;

no tengo otra cosa que hacer más que el jolgorio y la jarana.

10. Thich Nhat Hanh. Camino viejo nubes blancas. Ediciones Dharma. Alicante 1991.

Una de las personas que más ha enseñado la magia de recuperar el momento presente ha sido Thich Nhat Hanh, maestro de la tradición budista de Vietnam y defensor de la paz y el entendimiento mundial. En este libro narra una aproximación a la vida del Buda histórico, aquel que despertó y dedicó su vida a ayudar a otros a hacer lo mismo.

11. Beato de Liébana.   http://bit.ly/1OXnbqZ

249

Es un libro medieval con un comentario al Apocalipsis ilustrado con impactantes dibujos. Fue dibujado en un monasterio de los picos de Europa (en el norte de España) en el siglo VIII. Una obra de arte que nos enseña que es posible colorear el futuro y lo por venir. En esa época los libros se copiaban a mano y este inspiró a muchos copistas.

Guía de recursos

Se incluye una breve guía de recursos con bibliografía adicional y material audiovisual.

Códice Voynich. http://bit.ly/1Bp8xx3

Ibn al Jatib. Kitab al-sihr wa-l-shi`r - Libro de la magia y la poesía. Instituto Hispano Árabe de cultura. Madrid.

Ibn Arabí. Las iluminaciones de la Meca. Siruela. Madrid 1996.

I Ching. El libro de las mutaciones. Traducción de Richard Wilhelm. Edhasa. Barcelona 2001.

Librería el Dragón Lector. Calle Sagunto, 20, 28010 Madrid. (La librería infantil más mágica de Madrid).

Maestro Eckhart. Obras Alemanas, Tratados y Sermones. Edhasa. Barcelona 1983. http://bit.ly/1mQveZO

Maimónides. Guía de Perplejos. Obelisco. Barcelona 2010.

Manuel Vilas. Amor. poesía reunida, 1988-2010. Visor, Madrid 2010.

Manuel Vilas. El hundimiento. Visor. Madrid 2015.

Mircea Eliade. El vuelo mágico. Ediciones Siruela. Madrid 1997.

Mircea Eliade. Lo sagrado y lo profano. Paidós Orientalia. Barcelona 1998.

Nicolás de Oresme. Tractatus de configurationibus qualitatum et motuum. University of Wisconsin Press, 1968.

Rogelio Buendía. Entre mar y cielo. Madrid 1926.

Rogelio Buendía. La casa grande. Barcelona 1924.

Salumagia. http://salumagia.blogspot.com.es/

Música

Cancionero de palacio.

http://apple.co/1S248My

Cancionero del duque de Calabria.

http://apple.co/1TCipNt

Llibre Vermell de Montserrat.

http://bit.ly/1MQXlxc

Mohammed Eghbal. Flauta Ney.

http://bit.ly/1Sxs9dA

Canciones de amor de los siglos XIII y XIV.
http://bit.ly/1R9ll6D

Cantigas de Santa María. Alfonso X el sabio.
http://bit.ly/1JrCs0S

Códice de las Huelgas.   http://bit.ly/1kIECgF

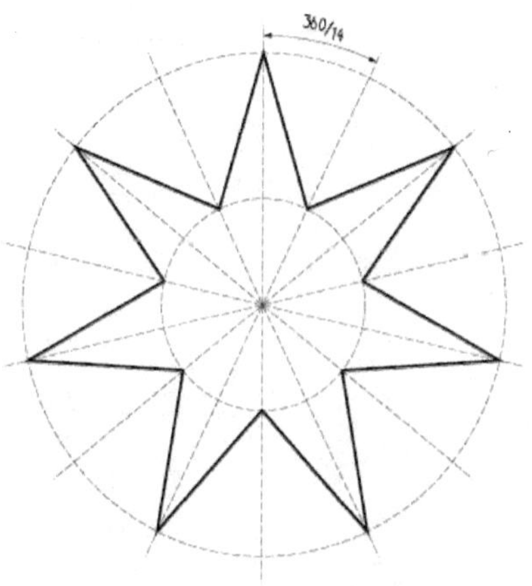
360/14

****

Siempre el final

Esconde un comienzo

Entre sus mangas.

****

@Salumagia